吴贻芳

心底的一抹浪漫 最是那

Wu Yifang

林 杉◎著

金陵女大走出来的『999朵玫瑰』，绽放在教育、艺术、科学领域……她们的成就是对吴贻芳人生最好的诠释。

台海出版社

图书在版编目（CIP）数据

吴贻芳：最是那心底的一抹浪漫 ／ 林杉编著. —北京：
台海出版社，2016.3

ISBN 978 - 7 - 5168 - 0885 - 6

Ⅰ.①吴… Ⅱ.①林… Ⅲ.①传记文学—中国—当代
Ⅳ.①I25

中国版本图书馆 CIP 数据核字（2016）第 042797 号

吴贻芳：最是那心底的一抹浪漫

编　著　林　杉

责任编辑：阴　鹏

装帧设计：张子航　　　　　　版式设计：红　英
责任校对：陈　烨　　　　　　责任印制：蔡　旭

出版发行：台海出版社
地　　址：北京市朝阳区劲松南路 1 号　　邮政编码：100021
电　　话：010 - 64041652（发行，邮购）
传　　真：010 - 84045799（总编室）
网　　址：http://www.taimeng.org.cn/thcbs/default.htm
E - mail：thcbs@126.com

经　　销：全国各地新华书店
印　　刷：河北信德印刷有限公司
本书如有破损、缺页、装订错误，请与本社联系调换

开　　本：880 mm×1230 mm　1/32
字　　数：188 千字　　　　　　印　张：8.5
版　　次：2016 年 6 月第 1 版　　印　次：2024 年 5 月第 2 次印刷
书　　号：ISBN 978 - 7 - 5168 - 0885 - 6

定　　价：46.00 元

序

　　吴贻芳是我国著名的教育家、社会活动家。

　　在 90 多年的漫长生涯中，她经历了晚清、民国和新中国几个重要的历史时期。早年她受"西学东渐"和湖广总督张之洞倡导的新学影响，笃志求学，教育救国。后学成归来，成为中国第一位大学女校长。

　　她一生致力于教育事业，终身未嫁，学生们说她把自己嫁给了"教育"。

　　她述而不作，创办的金陵女子大学，早已树蕙百年，她的学生遍布海内外，每一个学生就是一篇上乘的佳作。

　　吴贻芳有很深的"金陵情结"，临终前她建议再办一所金陵女子学院，这个建议很快得到答复，不久南京师范大学正式挂牌。如今，一如小小的种子播种到田里，已出苗成树，开花结果，蔚然成林，有鸟儿从天上飞来筑巢……

　　我虽然写过几部文学传记，但经验告诉我，只是演译一些事件和故事，不能算是一部有质量的传记。必须围绕人生，写出一个真实的人物，既不能任意拔高，又不能随意戏说，而是要写出人物的性格特征、人生命运和心路历程。当我参阅吴贻芳大量史料后，深深感到初看不难，细想却不那么容易。写关于吴贻芳的传记若不下一番功夫，是不会写出一部有可读性作品的。必须对现有材料详加梳理，对有些事件要再认识，寻找最佳表现角度，写出历史感和时代感。

在爬梳有关史料的基础上，我围绕着吴贻芳的不同阶段材料和故事，做了一些必要调度和集中，力求突出人物的性格特点，去粗存精。

再是吴贻芳的家庭背景材料概念单薄，有的只是档案材料的抄录，有骨无肉。为了使其家庭故事丰满起来，我走访了清史专家、我当年的同事柯愈春先生，他当即给我查出了所需线索。我又在半年时间里数次跑北图古藉馆、史志馆，还请单位的记者站代我跑湖北省、浙江省图书馆，查找有关资料，虽然收获甚微，但基本弄清了她的家族史，证实了吴贻芳早年家中"还是很幸福"的说法。

是为序。不当之处请方家指正。

作　者

目　录

第一章　家在武昌

一　祖父寓舍为她筑梦

吴贻芳是在祖父这座"洞天福地"的寓舍里出生的。

彼时祖父吴宝俭因着履职，从清帝国京城举家迁来湖北武昌。那一年，祖父二十一岁，父亲只有三岁。正是在这个时候，祖父在黄鹄山附近的街垒中，倾其所有买下了这所僻静的院落。虽然不是高档会所，因其便于读书写作，又因为离他供职的湖北布政使司不远，这座独门大院一时也是占尽风光。

院落温馨雅静，给吴贻芳的童年留下了美好的回忆。

寓舍正房五间，厢房三间。一进院子，最先映入眼帘的就是一排装饰精致的花格窗棂，因着明亮的采光，成为她一生最温暖、最烂漫的记忆。

院子的大门，开在东南临街的一角，那一对又大又圆的门环所敲击出的响声，最先传递的是宾客盈门或祖父办完公回家的消息。院内靠墙处有几株高大的樟树，绿荫匝地，风来萧萧，鸟雀常来登枝。近窗处有一丛夹竹桃，粉白相间，风一吹暗香浮动。

房内格局是晚清江南流行的一种苏州款式的风格，房间与房间之间由木制活动板墙隔开，上面镂刻着传统的花饰图案。家中遇有年节或雅集等事，隔墙可临时拆卸，扩大使用空间。那板墙是宋代流行的格子门，传到清代，由"四株扇"发展成"六株扇"，成为一种时尚。板墙皆为青棕桐油紫色，更显室内肃穆庄重，古意盎然。

室内花砖铺地，八仙桌摆在堂屋中央，桌面下有一圈雕花裙边，两张太师椅分列两边。桌上铜盘里盛有一套景德镇烧造的青瓷茶具。桌子后面靠墙处的长条几上，摆放着一对青花瓷帽筒，里面插着时鲜的草茎和花束。墙上挂着中堂、对联，皆是祖父从京城带来的名人士大夫字画。

黄鹄山（蛇山旧称）和那座刚刚被大火烧毁的天下第一楼，就坐落在祖父寓舍的南面。听祖母说，闲暇时祖父常带一家人到山上或司湖（今不存）边踱步玩耍，抑或出汉阳门到长江边上去看流水和过不尽的帆船。祖父对李白的《黄鹤楼送孟浩然之广陵》和崔颢的《黄鹤楼》等诗尤为喜欢，百读不厌，还让儿时的父亲背诵。祖父在文酒之会时，常铺开宣纸，笔走龙蛇，几幅大字，常常爆出一片喝彩之声。有眼力的客人，不等墨迹干掉，便争相收藏他的墨宝。

吴贻芳生于光绪十九年（1893）一月二十六日，按哥姐的"贻"字排序，父亲吴守训给她起名贻芳。因为出生时间在冬季，祖母便昵称她冬儿。她很爱这具有像征性的名字，长大后便用冬生为号，并流行于世。

吴贻芳出生时祖父已故去八年，祖孙二人没有见过面。有关祖父的事情，除祖母告诉她之外，大多是她从读祖父留下的诗集《吟陆诗草》《沤锜罗花诗稿》和《礼园诗遗诗》等著作中得知的。

随着吴贻芳渐渐长大，她对祖父的了解也越来越深入。从祖母的讲述中她得知祖父在买下这幢寓舍十八年之后，因工作和诗文创作思虑过度，才患病离世。那年他还不满四十岁，正是人生的大好年华。祖父的溘然长逝，不仅给祖母和年幼的父亲带来莫大的不幸，也让他的同僚甚为惋惜和同情。

祖父本名吴宝俭，字礼园，生于道光二十七年（1847），祖籍安徽休宁，生于江苏泰兴，是曾祖父吴存义继室汪氏夫人的第三子。祖父生前嘱咐祖母，死后将他运回泰兴故土安葬。这便成了祖母的使命与担当。因祖父死时正值酷暑七月，只得入殓将遗体放到寺庙里暂存。第二年秋冬时节，祖母便带着父亲吴守训从武昌顾船东下，扶柩回到故里，将祖父吴宝俭葬于泰兴城的"东门外姚家庄之原"。下葬时有文记载："石马衔悲，霜禽含惨，孝泉流而不涸，风树响而如泣"。

直到这时，祖父才算是入土为安，这也了却了祖母一桩心事。

这一年是光绪十三年（1887），适逢晚清史学研究者、诗人和散文家朱铭盘（1852—1893）在家为继母蔡氏丁忧，祖母便请他为祖父写了讣告和《清故署荆门知州、知府用、湖北候补同知吴君志》，以此秉告亲朋乡邻。志文中写道：

君幼挺殊姿，综世典文诗赋颂，尤所精畅。少侍厥考有声（中举），辈下周揽，滇徼衍历（随其父宦云南）。二浙巨儒，承风彦士，接履先遭父丧（同治七年1868），有绝水之痛。既愤兄仇，无反兵之志。以郎中改官同知，分隶湖北，时逾星纪（岁末年初），凡一权荆门州。三管厘务，奸豪亡去，商贾从市。于是湖广总督卞公、湖北巡抚彭公荐君廉能，有诏补同知（从六品），后以知府（正五品）用，嘉其材也。

朱铭盘从三个方面概括了吴宝俭少年早慧、性格特征和从政经历。朱铭盘早年困守泰兴，曾得到吴宝俭的帮助和举荐。

朱铭盘是吴宝俭泰兴同乡，二十一岁中秀才，因父亲亡故，家道中落，无以继学；经吴宝俭推荐，到扬州两淮盐运使方浚颐帐下，开始了他的幕府生涯。后来方浚颐在吴长庆帐下时，因受李鸿章、袁世凯的排挤而客死旅顺。之后，朱铭盘与张謇等南归。后来朱铭盘重回旅顺军营，在张光前提督下效力，后被保举为候补知府。

朱铭盘在"志"的标题中"署荆门知州、知府用、湖北候补同知"之说，经查湖北省志和荆门州志得知，吴宝俭由京城外放荆门州任职，实际并无到任，荆门州也未有此记载。荆门州是清廷的直隶州，领当阳、远安二县。实际上，清廷也未直接管理荆门州，而是交给湖北省代管，而湖北省又放到巡抚下面的布政使司（管钱粮）管理。这样一来，吴宝俭到湖北后并未下到荆门州任职，而是留在了布政使司任事，朱铭盘说的几个头衔，当为吴宝俭的职级待遇。这样，湖北省既不违背清廷原来"改官同知""权荆门州"的任命，又给吴宝俭做了恰当的安排。

志文中讲"既愤兄仇，无反兵之志"一说，大约是说那时泰兴一带捻军活动正盛，兄弟对此意见不一，哥哥"无反兵之志"，由此结下冤恨。按现在的说法，似乎是一种政治理念上的分歧。但也有另一种可能，从吴贻芳的曾祖父吴存义的《行状》中可以得知，吴存义一生有过两次婚姻，原配李氏生前育有一子，名宝慈，她病逝后吴存义的继配汪氏，又生了宝清、宝俭、宝让三子，但在《吴公行状》中竟未出现三子吴宝俭的名字，把四子宝让直接写成三子，可见兄弟之间结冤之深。后经查泰兴县志，吴宝俭是吴存义的三子确凿无疑。

祖母爱回忆往事。她对孙女吴贻芳说，埋葬了你祖父回来，你父亲上了两年县学，还是没有考上举人。我一人孤守偌大房子，寂寞冷清，于是在亲友们的帮助下，给你的父母成了婚。第二年生了你的姐姐贻芬，家中才添了些生气。又过了两年，你哥哥贻榘降生了，那些如影随形的孤独，才风一样散去。

贻芳小时候跟祖母住在一起，她爱吃甜食，祖母就差人"摇划子"（武昌青山人架的小船）过江，到汉正街"汪玉霞"老店为她买回甜点。每到这时，吴贻芳高兴得手舞足蹈，围着祖母转。祖母也借机教会了她唱歌谣和猜迷语。《燕檐歌》就是她跟祖母学会的第一支儿歌：

> 檐燕檐燕，别来又一年。
> 你的旧门户，零落不完全。
> 快去衔泥，快去衔泥，
> 修补趁晴天，修补趁晴天。

小贻芳每唱完一支歌，祖母就奖给她一块糖果。

猜谜语也是这样学会的。祖母的谜语是：

象牙罐，紫檀盖，里面坐了棵小白菜。

谜底祖母保密，不告诉她。她猜不出的时候，祖母便不给糖吃。武汉多湖，湖里种了很多莲藕，收下的莲子便成了清心去火的饮食佳品，也是武昌人平时做粥必放的一种食品，起药食同源之效。小贻芳实在猜不出的时候，祖母便从瓷罐里取出一粒洁白莲子给她看，最后在祖母的暗示下她终于猜出了莲子的谜底。祖母便是用这种方法，开启了吴贻芳的启蒙之路。

祖母还告诉吴贻芳，汉正街汪家和咱们吴家祖上都是安徽休宁人。他们从乾隆年间到汉口做生意，已经历了几代人。咱们的高祖吴士珪嘉庆初年因怕受白莲教伤害，才从休宁千里跋涉迁到靖江，当年那里是海滩水网地带，清代官府作养马之地，吴家祖上生活好一些的时候，又辗转迁到泰兴城里，你的曾祖父吴存义的童年就是在那里度过的。

祖母又说，如今我们家和汪家都成了天涯沦落人，却在武汉又碰到一起。他家做的酥糖、碱饼、酥京果，颜色黄润，香气扑鼻，食之清脆爽口，不粘牙。休宁人的技艺，让我们在远离故土的武汉，又吃到了纯正的家乡味道。每到年节的时候，你的祖父便带上你的父亲搭船过江，到汉正街汪家老店去选购食品，以便在春节期间招待他的同僚好友。你的祖父不仅公办的好，诗也写的好。客人们吃着休宁甜点，品着休宁产的松萝茶，你的祖父聊到酣畅之时，还能随口吟出松萝茶的诗作。他说松萝茶的味道胜过杭州的龙井，二百年前就传到了英国，英国人吃下午茶的习惯，便是由松萝茶开始的。你祖父思维敏捷，常常博得客人们的阵阵掌声。后来他把那些诗作，也收进他诗集里。

《吴君志》中还写到吴宝俭的为人和他的病逝，字里行间，尽是惋惜：

> 君匮于资产，尤好施与亲戚，待其举火，友朋昂其存活。论文辞之美，则驾曹刘言政术之良则，经纶豹产，不幸奄疾，以光绪十三年（1886）七月壬子卒于武昌寓舍，春秋四十。呜呼，痛哉！

吴宝俭才思敏捷，作品数量之多，在晚清诗坛是出了名的。从以上描述看，他的英年早逝，与诗的发力过重，不无关系。

武汉夏天的炎热，列南京、重庆等全国三大火炉之首。加之白天青蝇捣乱，夜晚蚊虫叮咬，尤其是黄昏之时，暑热难耐，人们饭后拿一把蒲扇和一张竹席到街上过夜，成了那个年代武汉人特有的习惯。据说有的男女晚上起来小解，由于稀里糊涂的，常常发生睡到别人家的席上的事情，弄出许多笑话。

吴贻芳的家是独门大院，用不着去上街乘凉，日落时分在院子里洒上些水，晚饭后比白天凉快了许多，一家人铺上竹席，撑开竹床，一边打着扇子，一边喝着茶水，听父亲吴守训讲武汉的见闻。

母亲朱诗阁的家在杭州，她常用杭州话为孩子们唱家乡的童谣。

尤其是她唱的那支《星星谣》，曾使童年的吴贻芳惊恐不已：

> 一颗星，葛伦登；
>
> 两颗星，嫁油瓶。
>
> 油瓶漏，去炒豆；
>
> 豆子香，嫁麻郎。
>
> 麻郎麻，嫁黄瓜；
>
> 黄瓜黄，给冬儿
>
> 嫁只大灰狼……

小贻芳听了，吓得大哭不止。

祖母在一旁听了，赶紧用泰兴话哄劝说："伢儿不哭，格个（这是）给你说笑话。等你长大了，一定给你嫁个好男将（好丈夫）。"

哥哥贻榘听后也笑了起来。他学着祖母的样子劝妹妹说："那呆戾（东西）到家来相亲，哥哥一拳就将它打跑。"

母亲见小贻芳被吓哭的样子也自我批评说："妈妈也勿晓得脚深脚浅，以后伊格不给你再念这个坏童谣了。"

小贻芳这才破涕为笑。

户部巷是武昌有名的小吃一条街，是吃早点的好去处。祖母告诉吴贻芳，从你祖父到武昌开始，就带着一家人到那里"过早"。"过早"是当地人的一种习称，即吃早餐的之意。那里有许多有名的小吃：有糊汤粉、面窝、鱼丸、稀饭、牛肉面粉等。因为离祖父供职的藩司衙门（布政使司）和家都很近，吴贻芳长大后，父亲吴守训也常带兄妹几个去那里"过早"。这在她印象里，是一桩抹不去的记忆。一九三八年，金女大部分师生一度在这里办学，她还和几位教授到那里吃过早餐。那时，户部巷的小吃比她儿时的品种更丰富了，又增加了荆楚汤包、石记热干面、真味豆皮等。尤其是荆楚汤包，可以和南京的汤包比美，热干面更是武汉人的一种创造，在全国独一无二，也为这些从南京来的师生称道。

然而，武昌也是吴贻芳的伤心地，由于父亲在（湖北省）牙厘局供职时的不慎，受局长指使缠上了一桩躲不开的经济官司。父亲为了自尊，同时也为证明自己清白，竟然走上了人生绝路，借去湖南之机跳江而亡。

时在苏州求学的吴贻芳姐妹，得到消息后急忙赶到家里。在二姨父陈叔通的帮助下，变卖家产，还清了大部分债务，一家人怀着悲痛的心情从此永远离开了武昌这个伤心的地方。

许多年后，吴贻芳每忆起童年时光，忆起祖父为一家人购置的那座"寓舍"，心中总会漾起一种柔情，那些儿时的温暖与美好，如隔山灯火，在她心灵深处闪着醉人的光。那光，也闪动着霓虹的颜色，裹挟着一种平和与安宁，镀亮了吴贻芳少女时代的温馨。

而她不知道的是，一家人与武昌的伤别后，这个王朝的大厦，竟然在一场革命的变革中，永远地倾覆了。

二　曾祖父的游宦人生

吴贻芳是从阅读《榴实山庄文集》来认识曾祖父和故乡的。当然，还有祖母的零星回忆。

吴贻芳的曾祖父吴存义，字和甫，号荔裳。生于清嘉庆七年（1802），故于同治七年（1868），江苏泰兴人，祖籍安徽休宁。道光十八年进士，选翰林院进修，授庶吉士和编修，历官道光、咸丰、同治三朝，先后任侍讲、顺天府丞、吏部左侍郎、几度任云南、浙江学政。他一生学有经术，善诗文音韵，清正廉俭，颇有政声。而他所处的时代正是清帝国内忧外患，走向衰败的时期，可以说他是林则徐、曾国藩、张之洞、李鸿章同时代人，由于他一生从事教育，不曾涉足军事，因而被他们遮蔽得暗淡无光。虽如此，他在人生道路上，也创造了自己的辉煌。虽然曲折迂回，颠沛流离，但京城之外，两次督学云南，一次督学浙江，基本也算是风光地走完了他的一生。最有意义的是，除执掌学政以外，他还热衷诗文和著述，这也让他成为了江河行地的一道士林风景。

这诸多经历和诗文，也成为吴贻芳认识曾祖父的桥梁和媒介。

吴家始迁江苏靖江，始于吴存义的曾祖父吴文运和祖父吴世昌，而吴存义的父亲吴士珏当年也只有十四岁，还是一个不谙世事的少年。有材料说他家先世是休宁望族，也有说是书香之家，迁居江苏的原因是避白莲教起义。

白莲教是波斯摩尼教和中国道、佛教的混合体，杂拜各种鬼神，起于唐宋，元明多次起义，到清初又发展成为反清秘密组织。顺治三年（1646），清政府曾下令取缔白莲教。乾隆四十年（1775）、五十八年（1793），两次把一教之首发配新疆。嘉庆登基的当年（1796）正月，湖北的聂杰人、四川的孙士凤、陕西的张士龙等白莲教人发动了大起义。尤其是齐王氏等人领导的"南（阳）、襄（阳）隘道"的白莲教声势更为浩大，攻城略地，杀富济贫，迅速占领鄂、川、陕部分地区，并有向东漫延的趋势，清廷在九江设防，严防起义军东进。

便是在这个时候，吴文运带领子（吴世昌）、孙（吴士珪）由安徽休宁沿富春江江北来，最先落籍江苏靖江。道光十二年（1832），吴存义在《闻络馆忆靖江故居》诗题中透露，靖江是吴家第一个落脚点。诗中写道：

> 青桐影落月昏黄，簾外娟娟露气凉。
> 二十五年灯不梦，豆花园角络纱孃。

诗题"忆靖江故居"便是有力的证明。靖江，地处长江出海口北岸，土地原为长江沙洲，三国时为牧马之地，晋属扬州，隋唐属海陵县，宋元属泰兴县，明成化间置靖江县，固其江海多警，故名靖江。从吴存义年龄可以推断出，他的童年是在此度过的，后又随父辈迁往泰兴城里居住。可以想见，清代中期的靖江，生活条件远落后于泰兴。

道光十二年（1832），吴存义金陵乡试中壬辰科副榜贡生后，被推荐到京城太学学习，因此他一路乘舟东下，回祖藉安徽休宁"展墓"。在途经靖江时，去看看生活过的"故居"，也是情理中事。这次回来，他在"豆花园角"见到当年邻居"络纱娘"。据此可知，这位"络纱娘"应该是其父吴士珪的同辈。

这次乡试吴存义虽考中副贡，但名次不佳。他在《金镶（锁）》诗中自嘲："如何十八胡茄拍，不及霓裳一尾声"。不管如何，他还是幸运的。在这之前二十多年中，他毕竟"入泮"进了官学，具备了科举考试的资格。他走的是父辈迁徙的老路，过长江后一路乘船南下，到杭州后再溯富春江上行，经富阳的界口（俗称阴阳界）、桐庐的七里泷、建德的梅城、淳安的街口，到休宁的屯溪镇（今黄山市），离休宁就不远了。他且歌且行，一路写下不少诗篇。在《山行》一诗中他吟道，"故乡多好山，千里觌真面"。那个年代没有汽车等现代化交通工具，他只能靠水上交通，从秋天走到冬天，抵达休宁老家时已是岁末了。面对祖上老屋，兴奋之余却是另一番苍凉之叹，《抵新安（万安）旧居》一诗便流露出了他那时的心境：

> 桧柏留先泽，冰霜念此生。
> 已甘买山隐，难觅薄田耕。
> 冷驿丹枫影，危楼白雁声。
> 诛茆依老屋，练水映门清。

新安，是西晋太康元年（280）改新都郡为新安郡的，辖境在今浙江淳安以西、安徽新安江上游，及江西婺源一带的若干县份，都址设在休宁城东的万安。隋唐固之，北宋宣和三年（1121）改为徽州，先后存在八百多年，有《新安志》存世。著名的新安画诞生于明末清初，一直延续至今，查士标、黄宾虹都是这一派的一代宗师和领军人物。

吴存义称故乡新安，皆因它的名声远大于休宁。所以一般文人为张显自我，作适度夸张，但又不失为错。

回乡不几天，除夕就到了。家家户户准备过年的繁忙景象，让他颇有感触，遂写了《除夕有感》，以记其事。春节期间，他看望了吴氏族人，又与画家孙竹桥相晤。在看了孙竹桥的新作《吟秋图》后，他再次给在金陵时结识的这位好友画作挥毫赋诗相赠。

在家乡过完春节，他告别亲友和老屋，很快便离乡返程，因为到都门太学读书的事还等待着他。

道光十三年（1833）春天，吴存义从泰兴出发，匆匆赶往位于北京安定门内国子监的这所帝国最高学府。

在太学学习期间，吴存义遇到不少新朋旧友，如李小莲、何莲仿、刘悌堂，还有一位叫徐树人的太守。

道光十五年（1835）秋天，在不知不觉中，吴存义两年的学习生活结束了。他打点行装告别同学，顺着来时的官道，过芦沟桥、良乡、定州、新乐，一路以诗纪行。到直隶获鹿县时，他到龙泉寺借宿。龙泉寺在龙河北岸，建于金正隆二年（1157），鼎盛时僧人逾百人，寺田二十公倾，四方乡客络绎不绝。

在龙泉寺暂作休息后，他披装上路。顺着驿道折转东行，经赵州、宁晋、南宫、清河到山东临清，乘舟从运河南下直抵泰兴。一路下来，他又写了不少诗篇，以记行踪。

在太学两年学习中，他的视野大开，学业精进。道光十七年（1837），他在丁酉科乡试中考取了举人，第二年戊戌进京参加了会试、复试，并高中他梦寐以求的最高学历：进士。之后经礼部选送翰林院再修学业，终于成为帝国官员的种子后备选手。

这一年，他三十六岁，头上添了几根银发 。同年，他的夫人李氏生下了儿子宝慈，撒手人寰。后来，他又续娶了继室汪氏夫人，第二年生下了次子宝清。中年得子，给他平添了许多快慰和幸福。

履职之外，为友人刊刻书稿作序，与友人诗词酬对，信件往来，也是他生活中不可或缺的笔墨友情。

云南任满，他告别同僚和友朋，携家人回到北京。

道光二十七年（1847），吴存义四十四岁，其妻汪氏于北京生下三子宝俭，也就是吴贻芳的祖父。

道光二十八年（1848），吴存义刚得三子宝俭，家书来报母亲病逝。他收拾行装，速回泰兴奔丧。刚安葬完母亲，长江北岸的洪水滔天，滚滚而来，泰兴一片汪洋。

吴家住在鼓楼北街东侧一座三进院落，大门坐东朝西，后门通向仙家汪小巷。就是这个仙家汪和义渡局路，灾民沿河搭棚，令吴存义心痛不安。他拿出钱来挨户慰问，但是个人力量有限，他便动员县衙一起到城中富绅之家募捐。

他后来的学生、晚清著名诗人谭献，在"吴公行状"中记下了当年惊人一幕：

（道光）二十八年江北大水，泰兴饥，公倡士大夫义赈，募富人资，至长跪曰：吾为数十万人屈也。泰兴知县张兴澍公同年生，相善也，一以荒政听公，方水盛时，饥民栖树杪数日无炊烟，公亲擢小舟散饼饵，必徧水退，又为芦以蔽露处者。是岁饥而不害服除。

吴存义这一举动，让泰兴全城百姓深为感动，并传为佳话。此事过去多年，那些上了年纪的人还记忆犹新。这便是普爱的价值所在和人性高妙的恒动力，让岁月留痕。

咸丰二年（1852），吴存义孝服既除，从泰兴回到京师，入南书房充日讲起居注官。第二年，夫人又为他生下四子宝让。

咸丰四年（1854），他擢侍讲京察一等。

咸丰五年（1855），他充任云南乡试正考官，同考官张奉山。他们这次侍典试云南，没有走中原官道，到石家庄（当时是获鹿的一个小村）折而向西，走的另一条官道。途中所经有井径、灵石、蒲州府、西安府、兴平、凤翔府、广元到成都府，后南下简州（今简阳）、赤水，到普安再上官道，折而向西，直抵云南昆明。

五十三岁的吴存义一路上仍诗兴不减，在他过龙泉寺、杨贵妃墓、留候祠、泸西试院等处，都留下纪事诗篇。乙卯云南乡试结束后，恰逢云南学政任满，他奉礼部之命，再次出任云南学政。

在云南，他将汪夫人及三子接来随任。其时宝清已十岁、宝俭八岁、小儿子宝让也六岁了，皆安排他们到儒学就读。

在云南三年，形势总体安定，但北方英法联军借太平天国在江苏之乱，挑起事端，清帝国内外交困。任期满后，他请假获准回泰兴探亲，自上次回家为母亲奔丧，已整整十年，与亲人和儿女重聚，让他格外感慨，不禁老泪纵横。他在《抵家》一诗中写道：

> 岭海辞炎徼，莺花及远归。
> 剪灯谈宦辙，对镜念亲闱。
> 久客乡音涩，长贫素愿违。
> 转慙儿女问，驰驿几骖騑。
> 新拓藏书屋，轩窗亦自清。
> 花多藤上格，粉净竹添萌。

　　　　鱼鸟窥吟态，簪裾集友生。
　　　　那堪行役惯，一月又春明。

　　谈宦辙、儿女问、念亲闱、藏书屋、集友生、行役惯，真是感慨良多，一言难尽。然而，"长贫素愿"，却又"那堪行役"，一个月后，他又要离开儿女和故乡了。悲哉，怆哉！
　　他在《洋湖》一诗中写道：

　　　　十年屯浦印归期，买棹重来鬓已丝。
　　　　身到家山仍是客，岭猿溪鸟亦惊疑。

　　因离家太久，十年住在昆明湖边。今日归来，双鬓已丝丝白发，却有"身到家山仍是客"之感，连禽鸟看到他也有些惊疑了。这便是久宦在外的人，有一种不为人知的特殊感受。
　　吴贻芳生于武昌，后移居杭州等地，一生未回过泰兴，少有根的感觉，读曾祖父的诗，她愕然也生出淡淡的乡愁。

　　咸丰十年（1860），吴存义署顺天府丞，这一年，正赶上英法联军进攻北京，全城戒严，恭亲王奕䜣等人见势危急，想抽身出逃，因北行之路已被联军切断，只得与大学士桂良、军机大臣文祥及清廷官员瑞常、崇伦、宝鋆等惊走西直门外万寿寺。内务府大臣文丰投池而死，奕䜣等人不敢露面。《吴公行状》记述：

　　　　公方卧病，谓所亲曰，慎持之妄动，自贻悔也。
　　　　事定既出，复入者遇公有惭色。论守御功，公独署牍
　　　　曰，府丞吴某抱病，凡干搁诘奸皆不与，今病未癒，不

敢冒滥。奏上廷臣，嗟异升太仆（寺卿），改通政司政
通使，遂擢工部侍郎署礼部侍郎。曰慨文庙从祀。位
次多舛，奏请更定，绘图颁行从祀。诸儒增设，既繁
于唐人，代用其书，垂之国胄，之义渐失。疏奏各直
省，臣工不得滥请。上俞之署邢部侍郎，曰核议秋审
册籍。秉烛句稽，恻然于人命之重。

　　吴存义对无功受禄，深为不符实际，不敢冒然接受，且这
些头衔一时数变。短短两年的时间，清廷六部，除兵部外几乎
让他转了一圈。直到同治三年（1864）二月，左宗棠湘军攻陷
杭州，肃清数月，吴存义才喘喙茧足，丐笔研赴，逡巡来归，
其惨相形同乞丐，哪有学台大人风采？

　　吴存义到杭州后，士气渐渐恢复。紧接着就是一周岁考，
生员学习情绪被调动起来。他进一步从经史、小学等入手，皆
以读书为归。同治六年（1867）是乡试之年，正考官张光禄，
副考官张之洞主试浙江。吴存义重点从辛酉科（咸丰十一年）、
甲子（同治三年）、丁卯（同治六年）三个年度的士子抓起，
来培养选拔优贡生。

　　这年七月开试，九月十五日公布考试结果，所取多朴学之
士，知名者五十余人。其中袁昶、许景澄、陶模、孙诒让、谭
廷献（后为吴贻芳之父吴守训的老师）等尤为著名，其后学术、
政治、忠义、文章各有成就，为前后数科所不及。

　　这年年末，他任满三年，时年六十五岁，又因中风等病乞
休。回到泰兴，他告诉儿子说，欧阳文忠既迁颍上泷冈先墓，
旷远足为盛德之累。我已因病谢归，应赴故乡休宁经营宗祠，
买田百亩，祭祀之外，分瞻宗姓。然而，工程未竟而卒，余之

由次子宝清完成。

吴存义病逝后，由他的后人将其葬于泰兴城东门外姚家庄之原墓地。

吴贻芳读到曾祖父死时，泪水情不自禁地模糊了双眼。吴氏家族从曾祖父开始，终于改变了困苦颠簸的人生。读书入仕途是那个时代最好的选择，书中"黄金屋"提升了他的境界，扭转了他与子孙们的命运。但是，他脱离不了时代，脱离不了那个破败王朝的"笼子"，只能遵循中国仕人"达则兼济天下，穷则独善其身"的理念。

吴贻芳拭去脸上的泪水，曾祖父那卷帙浩繁的书香，再一次向她袭来。

三 从"经心"到牙厘局的父亲

天下事总是这么奇怪，吴贻芳的曾祖父当年在浙江任提督学政时的高足谭廷献，如今在湖北经心书院成了她父亲吴守训的老师，且曾祖父、祖父已故去多年，这真是一种缘份。

这个"缘"，便是晚清那个有名的小个子大员、慈禧太后的红人张之洞，于光绪十五年（1889）由两广总督调任湖北任湖广总督后联结而成。

经心书院是张之洞早年任湖北学政时所创建，规模宏大，层级很高。书院的监督，一般挑选学问渊博，有威望的人担任，下设提调一名，掌管学生和院中一切事务；院监三名，负责守则、卫生等，各学科设分教一名。

书院名额八十，学生全是秀才或廪生，增生中优异者。学生每人斋舍一间，月伙食费若干，统一着装，学习用品由书院分配。奖金按学习成绩发给，超等八元、特等六元、平等四元。生员为二十五岁以下者，五年为满。

书院开设经、史、理、文四科，侧重经史。初任经学的是易顺鼎，史学是杨锐、汪康年，理学是邓绎，文学是陈三立等，以后教员多有变化，学生中出了不少人才。

光绪十六年（1890），张之洞廷聘谭廷献来湖北。他先任教授，再任院长，后因年大体弱（61岁）和健康原因，执教一年多后，辞职回到杭州故里。

吴守训约生于同治五年（1866），字孝膺，是吴宝俭和王氏夫人的独子。他幼习儒业，并考中秀才，但乡试落榜，未中举人。在父亲吴宝俭死后第三年（约1888），与杭州书香之家的朱诗阁结婚。翌年（1889）生下大女儿吴贻芬，为生计一时不得不先以私塾为业。

为求学的事，吴守训去求助过来鄂延主经心学院的谭廷献。

谭廷献是祖父吴存义在浙省任提督学政时的高足，亦是父亲吴宝俭的同辈之友。张之洞则是同治六年（1867）清廷派往杭州乡试的副主考官，他与其祖父有同僚之谊。有了这层关系，吴守训又逢遭父觞、家业难续，自然成为他们帮助和提携的对象，且他的年龄和学业（秀才）完全符合"经心"的资质，再次入泮修业似不成太大的困难。

正月十三，吴守训等一群少年来书院看望老师，好不热闹。可惜，谭廷献在"经心"执教不到两年，因身体健康原因向张之洞告聘，与儿子回到浙江仁和老家。

那一年，吴守训的妻子又为他生了儿子贻榘，高兴之余又深深感到家庭负担给他带来忧虑。老师谭廷献向他建议，必须再在学院坚持一下，等下次乡试后再作他图，如果中试可秉承家训继续走下去，如果不成捐一个"候补知县"，谋求一份职业维持一家人的生计，这是命运使然，也是社会所允许的最好选择。

又过了两年，次女吴贻芳出生，那一年是光绪十九年一月二十六日。不久又迎来三年一次的乡试，成绩公布后再次榜上无名。他听从老师的建议，说服妻子拿出她陪嫁的金手镯，捐了个候补知县空衔，又求父亲的好友谋到一份到县牙厘局的职业。

厘金局的基本薪水并不高，因可从"酌量抽厘"中得到一部分补贴，因而吴守训的收入便可以承担家庭七口之需，且能过着平安温馨的生活。汉口是西通四川，北通陕西、河南，南通湖南的集散之地，过江船只相当庞大，"过江厘"是湖北税收不可或缺部分，而且占比例相当重。据光绪二十五年（1899）日本《汉口帝国领事馆报告》，这里专用于民船停泊的大埠头就有二十多个。其中主要的是：

> 小口、杨家河、至公巷、武圣庙、泉隆巷、邱家垱、新码头、小新码头、老官庙、五彩、沈家庙、宝庆流通巷、集稼嘴、大码头、中码头、打扣巷、龙王庙、四官殿、米厂、马王庙。
>
> （民船）在汉水两岸至西桥口码头，紧紧相连，几乎有二里长。南岸之汉阳，岸有四川船、湖南、湖北、江西等地船只，皆集中于以上各个码头，其数量大约

两万四千艘，总吨数一百万吨，可以帆樯林立之语来
形容。来去船只，仅有河流中央可供通过。看到这番
景象，便能推知此地商业与水运何其兴盛。

汉口既然有数量巨大的船舶停靠，又有与其服务的牙行存
在，在出入之际，不仅要缴纳装载货物应征收的厘金，还要缴
纳船料。船料由位于汉口通济旁的汉口关和位于桥口的宗关二
局征收，但两关均不属于汉阳府，而归武昌直辖。收税方法以
帆柱为基点，丈量左右宽度来确定船的长度，实际上长度并不
测量。而是以八寸四分的宽度，换算成一尺长度，每一尺收二
百一十文，依次推算，如一丈长的船需缴税二吊一百文。上水
船在下水时征税，下水船在上水时征税。一年之中有三天负征，
即农历十二月二十八日至三十日，这叫"恩关"。此时，民船出
入极多，其他非公用船或悬挂外国旗的船可以免交课税。牙厘
局税收品种当然不止这些，还有形形色色的品种，工作量之大
可见一般。因此牙厘局按规定"酌量抽厘"的数额也比其它职
业收入更为可观。

日月如梭。吴守训到牙厘局任事已经数年，他从基层税收
员干起，拿着算盘和毛笔，从这个卡跑到那卡，他不仅学会了
税金的比例、算账，而且还学会了算盘的运用，算起账来珠盘
之声叮当作响，发出一阵阵悦耳之声。几年下来他从一般人员
干到分局之长，而且调任了几处分局之长。

天长日久的重复，使他最初的热情慢慢消沉下来。这期间，
儿女们逐渐长大，又添了小女儿贻荃。大女儿贻芬和儿子贻榘

先后入私塾读书，吴贻芳七岁那年，吴守训也安排她到私塾与哥姐一起读书。

四　父之伤

光绪三十年（1904），直隶荆门州的当阳县长离任，经湖北布政使司推荐，吴守训到当阳县任知县，时年三十八岁。

当阳地处荆山山脉向江汉平原过渡地带。西北部为不高的山脉，西南部和北部为低缓的丘陵，东部和东南部为冲积平原。

吴守训对这个县并不陌生，因为父亲吴宝俭从京师外放直隶荆门州的任命就在该州，后来留在武昌湖北布政使司。吴守训虽未亲自到过当阳，但父亲吴宝俭在巡视中曾说过当阳的历史和故事，给他留下了深刻印象。一是三国魏、蜀、吴争战之地，著名长坂坡大战，赵云救刘备妻小和关羽败走麦城被杀都发生在这里；二是唐代禅宗高僧神秀大师（北宗六祖）的道场就设在该县玉泉寺内，他是天台宗的实际创始人。吴守训对这些人文历史并不感兴趣，他不像他的父祖，能诗状文，是那种光风霁月的人。不过他幼承家训，敦本务实，也是个中规中矩的人。他到当阳当知县与在牙厘局工作完全不同，几乎大部分时间泡在各类案件和处理民事纠纷中，还要定期开堂审理，限期定谳结案，案头摆满了案件的卷宗，一件件要他作出批复。另外当阳是个半山区穷县，税收任务很重，定期完税也是他不可推卸的责任。

他一上任，就感到当一县之长并不像之前想象的那么风光，而应具备龙虫并雕，茹古涵今，智圆行方和善于融通的本领。

上任不到两月，收到家里来信，说大女儿贻芬吞下了一枚金戒指，让他速回处理。

原来是今年春上，杭州外祖母家的亲戚来武昌探亲，谈到上海和杭州都开办了女子学堂，有一所叫"杭州女学堂"的还是吴贻芳二姨父陈叔通参与创办的，专门招收女学生。学校课程仿照西方模式，不仅有传统文科，还有算术、英文、史地、唱歌和体操等，并延聘了西方的外语教师，毕业后还可走向社会，为国家当教师自食其力。大姐吴贻芬已经十五，"西学东渐"之风早已吹到她的耳朵里，而湖北张之洞成立的学堂独没有女校。姐妹二人听到这所学校专收女生的消息，心里无比激动，那里又是外祖母的家。可是当贻芳向父亲提出此事，吴守训因急于到当阳赴任，没有把这件事放在心上，只是简单地搪塞一下了之。过了些日子，眼看距学校开学的时间就要到了，贻芬与贻芳商量，又向母亲提出此事，母亲做不了主，只好说与父亲商量。贻芬一看事情希望将要破灭，一时性起，把手上的金戒指拿下，一口吞进肚里。母亲发觉后赶紧请大夫救治，最后有惊无险，算是保住了贻芬的生命。

吴守训赶回家中，没想到事情这么严重，他怕今后再生不测，便与母亲、妻子商量，同意她们的要求，送姐妹二人到杭州女学堂读书。

姐妹俩终于争取到去杭州读书的机会。这一年贻芬十五岁，贻芳十一岁。

杭州女学堂是一批留日归国学生在维新思想的影响下，于光绪三十年（1904）由北京政法大学堂教授钟濂会同杭州教育会邵章、陈叔通、郑在常等人，禀请浙江巡抚聂缉椝立案创办，同年五月二日在杭州积善坊巷正式成立。这是杭州历史上由中国人创办的第一所女子学校，比清政府颁布的女子学堂法令早了三年。

他们延聘顾文耶为校长，招募五名女教员，其中有一名日籍教师，学生四十五名，分三级，皆为寻常小学程度。民国元年后（1912），改为浙江省立女子师范学校。

学堂从成立那天起，便高举解放妇女、打破封建桎梏的大旗，专门成立放足会，要求未放足的女生放足，坚决改变侵害女性身心健康的封建陋习，让"小脚一双、眼泪一缸"的话在学校成为历史。

吴贻芳姐妹二人积极响应学校号召，放足并摒弃"大家闺秀"形象，找到了从旧时代向新时代过渡的突破口。在一次群众集会上，吴贻芳听一位记者控诉外国资本家迫害华工的罪行时，不禁义愤填膺，从那时起便树立了"读书目的为救国"的宏愿。

父亲吴守训到当阳做知县，屁股还没坐热，就深感自己不谙此道，把家扔在武昌，一人跑到穷山恶水之地吃苦，钱也没有挣到。于是他又通过关系调回武昌，在牙厘总局当了与他职务平行的财务科长。

吴贻芳的母亲朱诗阁与二姨妈朱宜从小就感情甚笃，姐妹二人放假的时候，便常到二姨父家看望二姨妈，到舅舅家看望外祖母。二姨妈对在外上学的姐妹二人，也多方面给予关照和帮助。

二姨父陈叔通是晚清进士，翰林院编修，但他赞成清廷维新，思想极为新潮。在贻芳姐妹到杭州上学期间，他正在日本留学。

光绪三十二年（1906）回国后，他发现杭州女学堂未设英语课程，恐对日后姐妹二人的发展不利，于是在他的帮助下，姐妹二人报考了上海启明女校。

启明女校创办于光绪三十年（1904），与崇德女校同属天主教拯亡会。校务均由圣母院院长监理，一般事务由中国嬷嬷担任。学校历任校长为外籍修女，学生多为政府要员和富家千金。校址在上海市徐汇区天阴桥路 100 号，解放后改为上海市第四中学。

吴贻芳姐妹通过考试后，便到上海徐家汇这所有英文课程的学校读书。不久，她们发现苏州景海女塾英语教学比"启明女校"更好，便又报考了苏州景海女塾，于第二年（1907）一月正式转至苏州景海女塾读书。

景海女塾由美国基督教监理会女传教士海淑德于光绪二十八年（1902）创办，校址天赐庄在今苏州大学院内。为纪念海淑德女士，学校取名景海女塾，意为景仰海淑德女士。第一任校长叫贝厚德，也是美国监理会传教士，在课程安排上中西并用，设国文、英文、算学、理化等科目，并有钢琴科和体操科。

民国六年（1917），景海女塾改为景海女子师范学校。

景海女塾教学课目与英国本土同步，课本也是英国原版教材，学校许多外籍教师，大多用英语授课。由于姐妹二人勤奋读书，学业进步很快，尤其是英文水平，有了大步的提升。

时光如隙。不知不觉中吴贻芳长成了亭亭玉立的大姑娘。

宣统三年（1909）十一月，一封"立即返里"的加急电报突然打破了姐妹二人生活的平静。她们匆忙收拾行装，走运河到镇江府，再乘上水船赶往武昌。当她们到轮船的甲板休息时，竟然发现二姨夫也在这趟船上。吴贻芳突然想起两年前他与二哥陈仲恕到湖北办事并到吴家看望的情景，那也是一个寒冷的季节，兄弟二人，与全家人留影的情景。吴贻芳知道二姨父的父亲陈豪先生在湖北为官多年，那里有许多故旧，不知这次到湖北干什么，于是便走到他的身边问："二姨夫也去湖北吗?"陈叔通便支支吾吾回答："对，对，我也去湖北。"虽然她发现二姨夫神情凝重，并未多问，但心里产生了许多疑问。快下船的时候，陈叔通才告诉她是到她家去，专程为她父亲的事而来。

到了家，姐妹二人第一眼看到的竟是堂屋里摆放着父亲的灵位，和父亲生前那张放大了的戴官帽、穿官服的照片。姐妹二人跪在地上，一时哭得死去活来。

原来，吴守训调到湖北牙厘总局任财务科长后，在局长的授意下，将抽厘留下的款存入一家钱庄坐吃利息，不久传出消息，这家钱庄有经营不下去的危险。局长怕投入的钱打了水漂，便让吴守训再打入些钱进去，来支撑这家钱庄。可尽管如此，也没能挽救这家钱庄倒闭的命运，最后还造成了财务科投入这一笔钱的亏空。

局长为挽救这次失误，便让吴守训到湖北沙市当牙厘局长。沙市不仅是船只过往的大卡，也是湖北从缅甸、泰国进鸦片的重要港口之一。鸦片抽厘要比农作物抽厘高出若干倍，局长想以此让吴守训想办法弄些钱，去弥补留下的亏空。吴守训性情敦厚，不善此道，财务科那笔账于是就一直摆在那里。

此时，湖北热议建造川汉铁路的消息，主张有多种，主要是长江南岸和北岸建设之说，尤其是日本人原口的方案最盛：鄂境从汉阳、沔阳、潜江、沙市、宜昌，绕过三峡，然后向西北进入四川。吴守训在朋友的撺弄下，又动用公款在汉口的丹水口买了三十多亩地，待铁路修建时土地就会增值，如此便可用卖土地的钱来填补总局财务科账上的亏空。但是修铁路之事因官僚机构参与，方案有十种之多，一时难以敲定。

　　光绪三十三年（1907）七月，张之洞调入军机处任职，接任的赵尔巽未到任，又由四川总督陈夔龙任湖广总督，一连串的人事变动，牙厘总局局长也换了人。新来的局长很快发现了账上的亏空，通知吴守训来总局说明亏空原因，并责令他补上债务。备感无措的吴守训回到家里又受到母亲和妻子的埋怨，他身负双重压力，内心痛苦，思来想去一番，觉得只有一条路可走：舍生取义，以示清白。那个时代的生死观与现在不同，用死减轻后辈负担，也是世俗的古风。于是他借去湖南出差之机，含恨跳入长江的滚滚波涛之中。

　　吴守训的死，给一家老小带来极大的精神创伤和感情冲击，全家陷入一种无奈和悲痛之中。

　　好在有陈叔通打理吴守训的身后事。他利用自己在清政府调查局会办和资政院民选议员的声望，又有父亲陈豪（字止庵，晚清书画名家）写给当地官僚的信，上下斡旋，终于了结了吴守训留下的官司。吴家在陈叔通的帮助下，又变卖了家产，办完丧事之后，一家六口到杭州外祖母家借住，贻芬和贻芳也中断了学业。

　　从祖父时代起，在武昌黄鹄山下居住了三十六年的家，从此便永远地诀别了。

　　这里需要补充的是，丹水口这块三十多亩的土地，到上世纪四十年代才卖出去，还本后还赚了四十八块大洋，后来这些钱给了陈叔通先生，他把这笔钱转给吴贻芳。吴贻芳不要，陈叔通还是把钱塞给了她。一九五五年，吴贻芳把这笔钱交给了湖北省税务局，也算是为父亲尽了心力。

第二章　求学生涯

一　连遭家难

一九一一年十月，湖北传来消息，革命党人攻下湖广总督署和布政使司的藩署，总督瑞澂和布政使连甲等纷纷逃亡，一面十八颗星的旗帜（共进会旗）插在黄鹄山黄鹤楼的遗址上。这场革命动摇了清王朝的根基，那座统治中国二百六十八年的大厦终于倾覆了。

中华民国临时政府在南京成立。陈叔通被推举为第一届国会议员。

母亲朱诗阁接到舅舅写来的信，让舅妈、二姨妈和母亲一家移居上海，于是朱诗阁带着一家老小，随舅妈、二姨妈迁来上海居住。

吴贻芳的哥哥吴贻榘是宣统元年（1909）六月到新设立的北京学务处读书的。

　　当时，美国政府把退还庚子赔款余数与清政府外务部奇定留美学生大纲，由游美学务处和外务部一起办理留美学生事宜。外务部由周自齐任总办，会办由学部范源濂和外务部唐国安担任。游美学务处最初在北京东城区侯位胡同里租赁一所民房作为办公室，后来迁到史家胡同。

　　从当年八月到一九一一年六月，先后选派了三批一百七十七名学生赴美留学。

　　除了学务处直接招收外，大部分学生由各省提学使从所在省进行招考，经过各省初试后保送来京复试，合格者入肄业馆学习。每省保送名额多少，由各省缴纳的庚子赔款多少而定。一九〇九年八月，由内务府奏准，皇室将清华园拨给游美学务处，作为游美肄业馆办学，修葺后于一九一一年三月开学，并更名为清华学堂。学堂正副监督由总办用自齐、会办范源濂、唐国安分别担任。各省保送学生一百八十四名，备取一百四十三名，北京招考一百四十一名，共计四百六十八名，其中大多数入中等科，少部分入高等科。这是清华大学历史的开端。

　　吴贻榘便是在这样背景下，由湖北省保送来游美肄业馆学习的。不幸的是，由于辛亥革命爆发，多数学生因害怕战争而四散回家。此时，清政府又挪用这一年的退还庚款，作为镇压革命的军费，清华学堂因经费断绝，只好在十一月九日宣布学堂停课。

　　吴贻榘怀着沮丧的心情，从北京回到上海。

　　一心想出国留洋、重振家业的吴贻榘，回上海后看到祖孙三代挤在小楼里，心情十分不佳。祖母让他去讨债，他也不认真去办，总是借机在上海东游西逛，每每空手而回。一天，姐姐吴贻芬从父亲世交那里筹来一笔钱让他去取，结果他在路上不小心弄丢了。为此姐姐甚为恼火，批评他这么大了还如此不中用，还想留什么洋！这句话极大地伤害了吴贻榘的自尊心。他回到房里一夜无眠，暗自写下遗书，内容是："我走了。"第二天，吴贻榘来到黄浦江边，带着对父亲的思念，跳入滚滚的黄浦江中，结束了他二十岁的生命。

后来吴宓在成都华西坝教书时，还找出当年记载老同学吴贻榘死的日记，准备写成一篇小说，后被陈寅恪劝阻说："你就不要再伤贻芳大姐的心了。"从此吴宓便断了这个念头。

母亲朱诗阁丧夫之痛还未平复，眼前又失去了唯一的儿子，她更是痛不欲生，哭得死去活来。年过六旬的老祖母失去了儿子，今天又失去了她从小带大的孙子，更是悲痛欲绝，如同天塌下来一般。母女二人哭诉老天爷如此不公，不知吴家今后日子怎么过。在吴贻芳二姨夫陈叔通和舅舅的劝说与帮助下，好不容易处理完了这个侄子的后事，母亲朱诗阁又病了。

朱诗阁本来患有结核病，失子之痛终于让她挺不住了，未过几天就病倒了。她如一盏耗尽的油灯，终于一天夜里，在大女儿吴贻芬的怀里溘然长逝。

母亲的死让吴贻芬一夜间长大了，她以长姊的身份，有条不紊地处理着母亲的丧事，等待着三天后为母亲出殡。然而，没有人知道吴贻芬此时的痛苦，虽然无人责备怪她，但她认为弟弟的死与自己有不可推卸的责任。吴贻芳那几天也忙得不可开交，不仅和姐姐忙母亲的丧事，还要照顾祖母和小妹贻荃，总在夜里和衣而眠。她没有注意姐姐的情绪变化，直到一天睡至半夜时，她忽然发现姐姐不见了。她大惊失色，赶紧四处寻找，结果发现姐姐上吊自尽了。

这是吴贻芳又一次目睹亲人的死亡，巨大的悲恸冲击着她的心，她欲哭无泪，束手无策，不知怎样应对这样的局面。在不到一个月的时间里，一家六口死去三口，她的心灵接连受到如此冲击，到这时她才感到人生的无奈，生与死，竟然如一张薄薄的白纸，瞬间便天地永隔。

幸好有二姨父陈叔通和舅舅的帮助，吴贻芳处理了母亲和姐姐的丧事。

此时的陈叔通也感到了问题的严重性。他与夫人朱宜商讨办法，希望让她们祖孙尽快摆脱这种生活的阴影。做出决定后，他们找到吴贻芳和她的祖母，对她们说："都到我家来吧，不要害怕，天塌下来，有我顶着！"

陈叔通是个饱学之士，也是经过风雨的人。他怕吴贻芳会重蹈姐姐的覆辙，便告诉她："自杀是不负责任的表现，你上有祖母，下有妹妹，你对她们是有责任和担当的。"为了帮助吴贻芳走出困境，尽快从困囿中解脱出来，陈叔通让她在守孝期间多读读书，从中明白人生的道理，把她引导到开阔视野上来，开启精神世界的另一扇光明之门。也正是因为读书，让吴贻芳改变了人生。

读书和思考，终于让吴贻芳明白了很多道理。人生下来就囿于城中，有形的城，无形的城，天上的城，地下的城。只不能把灵魂困于城中，要当赢家不当输家，人们能做的，就是要找到出城的道口，走出去，便能看到更远大的风景。

吴贻芳的心至此渐渐平静下来。

民国二年（1913年）二月，吴贻芳在陈叔通的帮助下，重新跨进校门，直接插班到杭州弘道女学校四年级读书。

弘道女学校是民国元年由贞才女学堂、育才女学堂、蕙兴女学堂三个教会学堂与吴贻芳原就读的杭州女学校合并而成。学校以"勤、敬、洁、朴"为校训，菊花为校花，学生应以此品德为高洁。校址在杭州浣纱河边的学士路上，今妇保医院是当年弘道女学校校舍。这所学校解放后又改名为杭州第十四中学。

吴贻芳再次回到学校读书，十分珍惜学习机会，她的英文成绩十分优异。她把悲伤置之度外，抓紧一切时间发奋读书，她要对得起死去的父母，对得起二姨和二姨夫。而且辛亥革命的思想也让她打开了新的视野，明白了"救国读书"的道理。

在弘道读书时间虽然不长，却给她留下了深刻记忆。

一九一四年，陈叔通赴北京就职。他担任北洋政府第一届国会议员，同时还兼任《北京日报》经理。吴贻芳和祖母、妹妹一起随二姨父全家迁至北京。二十一岁的吴贻芳不愿再给二姨父增添负担，要求到外边工作。经过陈叔通友人帮忙，她到北京女子师范学校的附属小学担任英文教员。她对这个职业十分珍惜，全身心投入到教学工作中。当她从学校领到第一个月的薪金时，全数交给二姨妈用于家里生活。

初涉执教生涯的吴贻芳，看到头上这片天空蔚蓝了许多。

二　迟来金女大

一九一六年早春，当吴贻芳赶到南京金陵女子大学时，已经迟到了半年。

一九一五年九月，她在杭州弘道女学校的历史课老师诺玛丽延聘金女大执教。此时老师考虑到吴贻芳是个可塑之才，建议她入学继续深造。然而，她跟随二姨夫一家去了北京，不久又搬回上海，就这样她与诺玛丽老师失去了联系。诺玛丽经多方打听，才把信寄到陈叔通所在的商务印书馆。

吴贻芳接信后感动之余，心中又踌躇起来。刚刚能为二姨父帮上一点忙，再去花钱读书可能吗？二姨夫明白了吴贻芳的心思，便慷慨伸出援助之手，支持她到金陵女子大学再去读书。

金女大是一座教会学校，规划于一九一二年冬天，经过筹备，两年后才租赁下南京郊绣花巷李鸿章小儿子的豪宅，经过一番修缮，才俱备了办校的条件。

当吴贻芳从南京火车站下车后，乘人力车到达绣花巷学校门口时，映入她眼帘的是那块硕大的白底黑字的校牌：大美国金陵女子大学。她的心不禁敬畏起来。

这所宅邸是中国传统式的建筑风格。它门脸儿不大，两侧各有一尊石鼓，是一座三进院落，各院由月亮门连通，每座院落四百多平米，由二层小楼围成。楼房皆是青砖灰瓦，飞檐高耸，四周回廊相抱，由坚实的立木支撑。由花格棂门窗和花砖铺成的地板，走进室内，给人一种风格幽雅的感觉。

一进院改造成容纳三百人的小教堂；二进院是供师生借阅的图书馆、学习室和学生宿舍；三进院是化验、动物实验室、仪器设备和医务室；后院的东边是一座美丽的花园，中央是一个凉亭，除各种树木，还有种植莲花的池塘。上课之外，这里是师生户外活动之所。

　　吴贻芳来到女大时，已经晚了一个学期。就是说，她入大一还缺一学期课程。于是她一边听课一边日夜不停地补课。

　　她入学后知道，金女大此年招收注册生十三名，而实际只有十一名，来自四省九个城市，南京、上海、镇江、宁波、九江、杭州等地。她们中大部分毕业于教会学校，其中有五人升入大学前教过书，平均年龄二十三岁。学校设文、理两科，课程有中文、英国文学、修辞学、宗教、基督生活、卫生学和绘画。文科为哲学组，以学习哲学、英国历史为主；理科为科学组，以学习化学和数学为主，学生可以自由选择。中文学习中国古典文学，文章皆用文言写作，其余课程均用英语教学。学制为四年本科。

　　金女大首任校长德本康夫人，于一八九六年毕业于美国霍利奥克学院，获文学学士。她是美国传教士，与丈夫一同来中国，在长沙湘雅医学院教过书，又能做教会工作。来华两年后丈夫病故。一九一三年金女大校董会因她有多年教学经验，是熟悉教会和教育界两方面的人士，便推选她为第一任校长。她担任校长十五年间，在学校选址、募集经费和建校等方面，做出了巨大贡献。

　　她曾在办学宗旨中提出：

　　　　提供预测科学、教育、宗教方面的特殊课程，以便学生在服务于这三个领域时，身体、心智以及精神意志能适应其需要。我相信，学院全部的学习训练对于那些有志成为中国基督教领袖的年轻女性来说，将是一种理想的准备。我想，这是一种她们自己愿意选择的训练。它将使我们把学院办得更有特点，更能鼓励学生树立高的目标，更能引导学生将自己的全部生活奉献给耶稣基督和他的天国。

德本康夫人的办校目标很明确，"学院全部学习训练"，即把年轻女性培养成"中国基督教领袖"，同时"引导学生将自己的全部生活奉献给耶稣基督和他的天国"。

吴贻芳入学时不是基督徒，显然不符合学院资质。于是这年夏天，由同学徐亦蓁（基督徒）利用暑期和她一起到上海北四川路曼摩氏女中浸礼会，接受洗礼成为一名基督教徒。

一九一五年九月十七日开学之初，学校教职员工仅九人，其中专任七人，兼任两人。在六名教师中，美籍四人，中国籍二人。教学设备：化学实验室一间，钢琴两架，图书四十册，教科书全部采用英美大学课本。

初来学校的吴贻芳，最突出的是补课问题。她在与同学们一起上课的同时，必须利用剩余时间把第一学期内的多门课程全部补上。暑假到来的时候，她的各门功课均取得优异成绩。这年秋天开学时，她顺利地进入二年级学习，这让她大大松了一口气。

随着后来两届学生的增加，陆续又增添了一些教师。如芮伯格小姐（任宗教课）、曹丽韫（校医兼卫生课）、蔡路德小姐（任化学课）、黎富思小姐（任生物课）、薛浦来小姐（任历史课）、莉蒂亚·布郎小姐（任音乐课兼合唱团指挥）、宫特拉赫小姐（专管教务和注册）、L·W·米娜小姐（负责健康指导和内科医生）。到吴贻芳即将毕业时，德本康夫人校长规定了金女大校训、校歌、校徽和校色：

校训——厚生。

校歌——由一首美国歌曲改编，吴贻芳记在自己笔记本上的歌词是：虎踞龙盘兮，艳说国维新/山川不改兮，民族全其真/大江纵横滔滔兮，广且深/东渐于海，注大洋达美洲……

校色——紫色。

校徽——圆形，上方为金陵女子文理学院，下方是英文字母，中心是两束稻穗捧着"厚生"二字，左右为数字1915。

到一九一八年九月，全校四个年级的学生人数已达五十二人。

一九一九年三月十四日，经学校批准，成立了学生自治会，吴贻芳被推举为会长。

成立学生自治会的背景是，随着逐年招教人数的增加，"学生不愿被当时的舍监像管中学生似的管他们，要证明自己能够管理自己"，这是学校批准成立学生自治会的直接原因。但是，经过一段时间的运作，这个矛盾仍然没有解决。

一些西方教师认为，学生自治会成了"学生政府"，学与教的责任没有分清，界限不明，校长德本康夫人也有同样的认识。她在《金陵女子大学》一书中这样写道：

> 学生们为所欲为，全然忘记了他们是在一所美国式的学校念书。她们随意指使工友做这做那，她们安排看门人将来访者的纸条直接交给学生领袖，而不交给学校行政当局，安排来管理勤杂员工并负责接待来访的女舍监。她们将女舍监从学校家庭中的家长位置上弄下来。在吃饭之前，自己说几句祝词，作为学生

政府工作的组成部分。这就使本来应该属于工头位置
的舍监，处于学生的监督之下。

这种情况持续了很长一段时间。校方召开会议与学生自治
会负责人研究，试图调整解决这种矛盾，但结果更加剧了学生
与舍监之间的冲突，学生指出女舍监一系列过失，纷纷要求撤
换舍监。尽管校方和许多教职员一再给学生做工作，希望她们
理解舍监工作的繁难，但终未得到学生的谅解和支持，女舍监
不得不被迫辞职。

学生自治会这边采取不少办法，建立了自己管理的制度，
使得学生与舍监的风波淡化下来。吴贻芳在《金女大四十年》
一文中写道：

> 在宿舍中，学生自治会组织同学自觉遵守各项规
> 定。每晚熄灯后由负责这一宿舍的学生自治会负责人
> 将宿舍大门锁好，查看同学是否都已安静休息。学生
> 各自打扫自己的房间，轮流整理宿舍的交谊室。宿舍
> 有洗衣设备，学生可以自己洗衣，养成节俭和生活自
> 理的习惯。
>
> 学生出入学校要在学生自治会的出入签名簿上签
> 名。晚上要在十时前回校。如过了时间才回来，第二
> 天早上要向学生自治会负责人说明。

一个新事物的诞生自然有它存在的合理性，但过程肯定会
有许多矛盾和故事。作为会长的吴贻芳，从生物演进自然过程
中悟到了人的生存规律，她没有呐喊，也没有过激行为，在看

似"无为"中做到了"有为"，显示了她的一种大家风范。她悄无声息地化解了这场风波，得到校方与学生们的称道和尊重，这何偿不符合金女大所培育的"中国基督教领袖"的宗旨呢。

学生自治会工作并没停留在学生宿舍管理这一具体事物上，它以最大限度发挥了学生会的作用。比如抓住每年秋季的"新生入学周"，对新生进行训练，让教务处、训导处、总务处、校长室、学生其他组织等，在这几天里分别介绍情况和规则，带新生参观图书馆，游览校园，帮助她们熟悉环境，教她们如何使用图书资料，进行一些基本常识训练等。

她们还建立了"姐妹班"制度。三年级与一年级结对，具体进行像今天人们所说的"传、帮、带"。新生住的房间一定安排一名高年级的"姐姐"同住，在各方面给予指导和照顾，使新来的"妹妹"尽快适应学校生活，也使当了"姐姐"的学生学会如何关心照顾别人，培养了学生之间的互助与友爱精神。

吴贻芳任会长的学生自治会，从此走出学生与舍监的吵吵嚷嚷的困囿，而真正培养了学生的"自治能力"，提升了学生的自律能力，也让学校在管理上迈上了一个新的台阶。

一九一九年五月四日，中国发生震惊中外反对帝国主义和北洋政府的爱国运动。

起因是北洋政府即将在巴黎和会上丧权辱国的消息传到北京，当时二十三所大专院校约九千多名学生举行游行示威，遭到反动军警的镇压，其中多名学生被捕。随后得到全国各地院校师生声援，纷纷罢课，走上街头游行示威。

消息像一场飓风，毫不迟疑地也刮到了南京。

南京从金陵大学开始声援北京学生，金女大义无反顾地加入了街游队伍。吴贻芳在《金女大四十年》中回忆：

> 　　一九一九年五四运动兴起了。当时校长德本康夫
> 人与管理学校的其他外籍教师如蔡路德等，都是基督
> 教中的社会福音派，比较开明，允许讲授达尔文的进
> 化论，也不强行制止学生参加政治运动。当时学生会
> 作出决议，参加罢课，他们也不得不让学生按她们的
> 全体决议去办。有的学生提议四年级不参加罢课，以
> 免影响毕业，可是四年级学生坚决要与全校同学一致
> 行动。全校学生参加了南京市大中学联合会，又组织
> 起六个小组，上下午各工作四小时，除参加示威游行
> 外，还分别进行阅读近代史，编写壁报，写通俗讲稿，
> 上街宣传，组织儿童来校识字唱歌，组织妇女识字班
> 等，对附近的妇女儿童进行爱国宣传。她们这种精神
> 和行动，使教师们也受了感动，曾对学生进行慰问，
> 晚间还表演了节目。

　　作为学生自治会会长的吴贻芳，中止毕业考试准备，毅然带领全校五十多名同学投入到这场伟大斗争中去。她们打着金女大校旗，手持十字架，高呼口号，浩然向小营会场走去。一路上引来许多看热闹的群众。这场运动在南京大约进行了两个星期，北洋政府在全国人民的巨大压力下，被迫释放了全部被捕学生，于六月十日下令免除亲日派曹汝霖（交通总长）、章宗祥（驻日公使）、陆宗舆（币制局总裁）的职务。中国代表团拒绝在《巴黎和约》上签字，五四运动取得了胜利。

　　学生会认为罢课的目的已部分达到，全体决议复课。吴贻

芳和毕业班的其他同学抓紧补课，修毕业课程。学校也推迟了考试日期。不少教师被她们的爱国热情所感动，主动为她们补课。金女大实行的是导师制，每个学生都有一个教师当导师，因而她们也为自己的学生忙碌。

金女大教师的言传身教对学生的影响极大，尤其是化学教师蔡路德、生物教师黎富思，他们善用启发式和具体实验来说明原理，这对吴贻芳先进思想的形成，有着很大的助益。

此时，第一届十二名学生只留下五名，其她七名由于各种原因先后被淘汰。在老师的帮助下，吴贻芳等同学不负重望，顺利地通过了毕业考试。美国纽约州大学委员会一致认为，金女大毕业生成绩优良，程度与名牌大学相符，准予立案，授予学位，这五位同学幸运地成为金女大第一届毕业生。她们的名字赫然铭记在金陵女子大学的历史上：

吴贻芳、徐亦蓁、刘剑秋、任倬、汤惠菁。

这一年，吴贻芳二十六岁。

三　再入北京女高师执教

北京的天空一碧如洗，白云邈远地躲到西山的边缘。

高等女子师范学校门前有一条叫白沟的小河，从三海自北向南穿城而过，缓缓地注入南护城河的水中。在一座名曰厂桥的小石桥旁边，便是"书业甲天下"的文化市场——琉璃厂。

那里游人如织，热闹非凡，赶圩似地淘选着秦碑汉帖、雕版书简……那些鬻于书肆的黄色经卷，藏匿着文人竭泽不尽的智慧。

一九一九年秋天，吴贻芳受北京女子高等师范学校校长方还先生的聘请，担任该校英文教师，不久又担任英文部主任。而她的好友徐亦蓁则受东南大学之聘，担任学校的训导长。

北京女子师范大学前身是京师大学堂（北京大学在清末1898年至1911年间的曾用名），是一个培养教师的优级师范科，一九〇八年五月单独列出，改名京师优级师范学堂，从城里迁到城南琉璃厂的五城中学。学堂监督是陈好咸，创建后的优级师范学堂在五城中学校舍基础上做了些增建，其名称不变，只加了"附属"二字，同时增设了附属小学。

琉璃厂窑工在乾隆三十五年（1707）取土时挖出提督李内贞墓志，才知道这里是辽时城外的海王村。元代在此建琉璃窑，明清因之。五城中学便是在早已破败的窑址上建立起来的校舍。如今这里房舍栉次鳞比，宝马香车，但那时却是一个荒村。五城中学未建前，窑厂早已成了一个土丘，是儿童放风筝的好去处。吴贻芳到这里任教时，小河、石桥、火神庙都在，只是明清时代的琉璃衙门不复存在。伤筋动骨的变化，是从一九二三年后在正阳门和宣武门之间加开了一个和平门，把那条叫作白沟的小河填平，在上面修了南北贯通的大道，城门北叫北新华街，城门内叫南新华街，由此北京女高师便成了紧临城门的一处建筑景观。这就是说，吴贻芳在这里任教时，那条南新华大街还未修建。

这里还发生过一个故事，北宋当年汴京城破，徽、钦二帝被虏,宋徽宗和他的妃嫔们一度住在女高师北面不远处的延寿寺,即今佘家胡同东口路北的庙内。那里是辽金时的巨刹,清庚子被毁,令许多经过琉璃厂的人感叹,也留下不少诗篇。清人赵翼在《分咏都门古迹得延寿寺》中这样写到,"宋徽宗至燕山,宴延寿寺,钦宗寓愍寺(今法源寺);七月中旬郑后病,钦宗诸后妃俱来问安。"诗写道:

> 牟驼冈下去匆匆,旄葛曾歌此寺中。
> 花石纲空成艮岳,钟鱼界岂是离宫。
> 两河有地更新主,四海无家作寓公。
> 遗迹不须悲古刹,黄龙北去更途穷。
>
> 往事无端感靖康,但知割地少周防。
> 削瓜疆土蜗为国,厝火君臣燕处堂。
> 空有同声呼少帝,绝无一战作降王。
> 可怜问寝循家法,古寺犹传礼佛香。

诗,除了讽谕还是讽谕,看来做皇帝也需要有点血性,不管是"作寓公"还是"作降王",都得不到世人太多同情。

吴贻芳报到后,被安排在石附马大街斗公府旧址新建的校舍。石驸马大街(今新文化街)背后是西长安街,正对着北面的民族文化宫。只是一条东西走向的宽胡同,称不上大街,东口衔接西绒线胡同。

女高师的校训是:诚实,勇敢,勤勉,亲爱。

在校门口设有整容镜,学生进出学校要注意整理自己的仪容。

教学科目除按章程规定普通学与专门学两类外，其余如国文部、数理部、教育专攻科、国文专修科、手工图画专修科、音乐训练班、职工科（培养实业学校教员）和体育专修科等是后来逐渐增加的。

吴贻芳到北京之前的两个月，校长方还先生因五四运动事，在程俊英、冯沅君等所写的《驱方宣言》中被列十大罪状而遭免职，吴贻芳当时未到职，未受到什么牵连。

接任校长之职的是该校教授毛邦伟先生（1873—1928），贵州遵义人，光绪举人，甲辰科进士，前任内阁中书。后赴日本留学，回国后任教育部佥事，与鲁迅同事。一九一二年到女高师任教授。

吴贻芳任教期间，不仅教英语，也教代数和一些别的科目，她教的英语尤其受学生欢迎。她讲究教学方法，千方百计让学生对英文产生兴趣。代数课也别出心裁，她深入浅出，让大家容易理解和接受。著名教育家陶淑范回忆：

> 吴贻芳老师是学生们最喜欢、最爱戴的。吴老师不但英文教得好，别的课目也很受学生们欢迎。吴老师穿着打扮清新雅致，言行举止温文尔雅，尤其是态度特别和蔼，从不对学生发脾气，这些都给同学们留下了深刻的印象。

陶淑范是随哥嫂从齐齐哈尔到北京读书的，因家庭生活困难，穿着比一般同学要差，经常受到同学讥讽。张朝阳在《陶淑范》一书中写道：

有一天，有几位同学边走边笑陶淑范土气，说她不像个学生。吴老师听到这些话，站在那儿了。她没有生气，也没有发火，而是用一种平静的态度和声调，对他们说："对自己的同学，不应该这样。"从此，同学中没有欺负陶淑范了。"公道"两个字，在她脑海里打下了牢固的烙印。

那个时代的教师，很少去考虑如何处理师生关系和同学之间关系的，吴贻芳人性化的教学是别人无法比拟的。这便是她受到师生欢迎的根源所在。

一九二〇年秋天，徐亦蓁结束东南大学一年的聘任后，也来到女师大执教英语和历史课程。吴贻芳和徐亦蓁这两位同窗好友又相聚了。二人和体育系主任陈泳声同住在石驸马大街宿舍里，三位年轻女性经常交流思想，她们都有报效国家的情怀，和陈泳声大有相见恨晚之感；她们外出总是相携而行，亲密如同姐妹。

在执教期间，吴贻芳经常参加一些社会活动。著名女诗人冰心在回忆文章中写道：

记得我第一次得瞻吴先生的风采，是在一九一九年，北京协和女子大学大礼堂的讲台下，那时我是协和女大理预科的学生，她来协和女大演讲。我正坐在台下第一排的位子上，看见她穿着雅淡而称身的衣裙，从容地走上讲台时，我就惊异她的端凝和蔼风度，她一开始讲话，那清晰的条理、明朗的声音，都使我感

到在我们女大的讲台上，从来还没有过像她这样杰出
的演讲者！

这是少女时代的冰心镌刻在记忆中的形象。以后她们都在
美国留学，又在重庆国民参政会和北京民主促进会携手共事，
建立了崇高的友谊。

作家石评梅、庐隐都是那个年代女高师的学生，她们都住
石驸马大街宿舍，与吴贻芳应该有师生之谊，只是没有见到文
字记载。

老子曰："道生之，而德畜之；物形之，而器成立。"任何
好事物都不是上天赐给的，而是"德畜""器成"规则注定的。
吴贻芳的出色使她得到了一个机会。

一九二一年冬天，美国蒙特霍利克女子大学校长布莱克夫
人到北京女高师来参观和演讲，学校让吴贻芳担任她的翻译。
吴贻芳流利准确的英语翻译，使这位校长大为惊奇，当她得知
吴贻芳的学历和工作经历后，问她愿不愿意去美国留学？吴贻
芳思忖片刻说，只要有机会，我还是愿意去学习的。正是这次
极为平常的外交活动，改写了吴贻芳后来的人生命运。

第二年五月，吴贻芳突然接到美国密歇根大学的一封来信，
信中说，经美国蒙特霍利克女子大学布莱克校长的推荐，决定给
她"巴勃尔奖学金"，到本校研究生院去读生物学博士生学位。

一九二二年暑期到来后，她结束聘任合同，告别校领导和
师生，告别了好友徐亦蓁和陈泳声，乘火车南下上海。

山行水行，一窗风景如画，而她的心还留在北京女高师两
年执教的回忆里：庞庞面影，朗朗书声……

四　情系密歇根

一九二二年八月，吴贻芳从黄浦江码头登上了去美国的轮船。

送行的有二姨、二姨夫、小妹吴贻荃和表妹陈慧。

临行之际，二姨夫陈叔通一家设晏送行。此番出国，祖母和二姨妈最为伤感，吴贻芳眼里含满了泪花，小妹贻荃和表妹陈慧则无忧无虑，打趣说：“你去吧，我俩金女大毕业后，也去密歇根大学留学。”

没想到，一句戏言后来竟成为事实。

吴贻芳一直拉着祖母的手不放。祖母已到风独残年，这次要在国外度过四年时光，不知是否还能相见，这也是她最放心不下的事。

二姨夫陈叔通早已猜到吴贻芳的心思，劝勉并鼓励说：“贤侄放心去吧，你祖母和贻荃的事包在我身上。我有两句赠言，一是不要忘记你是炎黄子孙，二是学成之日，当回来报效国家。”

吴贻芳知道二姨夫的苦心，连连点头答应。

船行海上，吴贻芳还沉浸在亲人送别的感伤里。她突然想起前不久二姨夫写给她和表弟表妹的诗《示子侄》：

> 教子身作则，因材视其宜。
>
> 各令执一艺，衣食系于斯。
>
> 岂唯衣食系，报国此始基。

二姨夫是深谙世道的人，生存之外，当以报国为人之基。

船过夏威夷，吴贻芳下船给姨夫姨妈写信报了平安，同时给妹妹和表妹寄了几张邮票作纪念。

船到旧金山，脚下便是美利坚的新土了。她没有驻足参观，因开学日期迫在眉睫，便直接乘车前往底特律的密歇根大学报到。

到密大的第一件事是迎新活动。

学校礼堂灯火通明，里面坐满了新生，青青黄黄的头发在吴贻芳新奇的目光里闪动。学生会致辞后，下面便是密大合唱队演出校歌。校歌的名字叫《黄与蓝》，歌词是拉丁文学家查尔斯·米尔斯·盖雷所作，曲是由爱尔兰作曲家迈克·威廉·巴尔富谱成。歌声唱沸了一颗颗激昂的心，血液在脉管里急速奔流，这浩瀚的精神力量，将会激励他们一生。

接下来，是介绍学校的历史沿革。

密歇根大学创办于一八一七年，由密歇根州州长和法官共同创建而成。牧师约翰·蒙特斯是学校创办人之一，也是学校的第一任校长。校区位于密歇根州瓦许腾诺郡的安娜堡（或称安阿伯），距底特律市半个小时车程。安娜堡捐出四十英亩土地，希望这块土地成为新州府所在地，但是当兰辛（市）被选定为州府所在地时，州长史蒂文斯·T·梅森把它赠给了密歇根大学，时在一八三七年。

一八四一年，在两名教授的带领下，六名新生和一名二年级的学生开始上课。直到一八四五年，首批十一名学生才从这里毕业。又过了二十五年，当入学学生达到一千二百零五名时，密大才开始招收女性学生。

密歇根大学是美国的"学术重镇"，拥有全美最高的研究预算，院系设置是法学、医学、工学、商学和文理学院。它是美国大学协会（1900）创始成员之一。

在"良师益友"活动时，老师介绍了学制设置。

密大的本科为四年，研究生和博士生各为两年，个别专业会更长。与其他学校不同的是，这里一学年分为三个学期：即秋季从九月到十二月；冬季从一月到来年四月；春夏学期是五到八月，其中春季五月到六月，夏季七到八月。

吴贻芳就读于文理学院。文科课程包括：文学、历史、哲学等，在全美居领先地位；理科课程包括：数学、物理、化学、生物、天文、地质、统计学等自然科学，在全美排前十名。文理学院的很多专业在全美都是顶尖的。

听完老师介绍，吴贻芳第一感觉是与国内大学不同，不仅时间长，课业任务也重。她还感到，要实现自己的梦想，一定要克服各种困难，把握住在这里的每一天，度过这来之不易的四年时光。

吴贻芳奖学金每月八十元，是享受全额奖学金，但生活费也高，基本上全用于吃饭了。有时二姨和二姨夫还给寄些钱来，生活还算宽裕。然而她克勤克俭，学习之余勤工俭学，当同学遇到困难时，她还解囊相助。

吴贻芳很快进入学习的快车道。让她没有想到的是，这年冬天，祖母去世了。吴贻芳从小由祖母带大，特别是父母、哥姐相继去世后，祖母成了她心灵的依靠，也是她最贴心的人。如今相隔万里，她无法回去送葬，便回信感谢二姨和二姨父多年给予她们祖孙的帮助。那个星期天，她独自跑到附近的墓区，悲恸欲绝地祈祷祖母安息。

因为吴贻芳是教会学校走出来的学生，她很快就熟悉并适应了密大的一切，加之她出类拔萃的人格魅力，在众多师生中有了广泛的影响力。因此，一九二四年她被推举为北美中国基督教学生会会长。一九二五年，留美中国学生会换届改选，吴贻芳又被选举为副会长，并担任了密大中国学生会会长和科学会会员。

在这期间，有两件事深深触动了她，令她终生难忘。

第一件事是"五卅惨案"。

一九二五年五月三十日，日本纱厂资本家镇压工人大罢工，打死了工人顾正红。上海学生为声援工人，发表演说，散发传单，号召收回租界，在这次事件中，英国巡捕逮捕一百多名学生。下午，万余群众聚集英租界的南京路老闸捕房门口，要求释放被捕学生，在高呼"打倒帝国主义"的口号时，英国巡捕开枪射击，当场打死我同胞十三人，重伤数十人，又逮捕一百五十多人，造成震惊中外的"五卅惨案"。

消息传来，吴贻芳作为中国留美学生会"领导人"，对英国和日本杀我同胞的残暴行径，感到无比痛恨和愤慨。她立即组织同学抗议、募捐和写文章，揭露、批判帝国主义的无理行为和反动本质，支援国内斗争。他们的行动得到了其他师生的同情。

第二件事是抗议澳大利亚总理对我国家主权的诬蔑。

一九二六年的一天，澳大利亚总理应邀来密歇根大学作演讲，听讲的有四千人之多。在谈到中国的时候，他说中国能算一个独立的国家吗？这么落后无能，其他国家可移民到那里，去开发和改造它。他的这番狂妄言论，立刻在会场内引起一片骚动，尤其是中国留学生更为气愤。吴贻芳怒不可遏，站起来说："你这是对中国的污蔑，我向你提出严正抗议！"这个总理被吴贻芳的反对惊呆了，有些不知所措。吴贻芳回到宿舍，当晚便写出一篇批驳文章，刊登在第三天的《密歇根大学日报》上，文章得到中国留学生和其他国家同学的赞许。她知道，祖国强大不起来，这种事情日后还会发生。

这一年六月，妹妹吴贻荃、鲁桂珍、邓裕志等第八届（22级）文、理科学生共二十人，从金陵女子大学毕业。吴贻芳便与密歇根大学联系，经校方同意，九月，吴贻荃和表妹陈慧来校进行为期两年的研修。为了节省开支，姊姐三人住一个宿舍里，自己买菜，轮流做饭，生活上相互照应。

吴贻芳也担起大姐的责任，在细心照顾这两个妹妹的同时，对她们的要求也颇为严格，总是劝她俩要珍惜学习机会，将来学成为自己的国家服务。

一次，她在发现贻荃的实验报告中有两处差错时，便不客气地进行了批评。贻荃一时接受不了，顶了姐姐两句。吴贻芳生气地说："你有了缺点还不想改正，学习能有进步吗？你对得起死去的亲人吗！"

后一句话道出了她性格方面的坚毅，多少年来她就是这样，背负着这样的使命，激励自己前行。

贻荃哭了，当天的晚饭没吃。夜深了吴贻芳还不见她回宿舍，十分担忧，和表妹陈慧四处去找，教室、图书馆、实验室找遍了，竟不见踪影。最后在学校的草坪上找到了她，只见贻荃拿着父母生前那张全家合影，眼睛都哭肿了。

见此情景，吴贻芳再也忍不住了，姐妹二人抱头痛哭。从此，吴贻芳更加关照妹妹贻荃，不再简单使用批评的办法，而妹妹学习也更加认真了。

第二章 求学生涯

一九二七年，吴贻芳突然接到金女大董事会徐亦蓁的来信，提议她回校担任校长一职，她在校时的导师黎富思也表示支持。这封信是徐亦蓁代表董事会发出的，因怕影响吴贻芳博士生文凭，故写信商量并征求她的意见。

这件事让吴贻芳始料不及，吴贻芳回信说，假使母校急需回国维持，她与母校有存亡的关系，虽论文未毕，可先行回来，相助一切，唯校长一席，万不敢受，因为她的目的，本是从事于研究科学。

徐亦蓁是她十四年的知交，她知道只要吴贻芳答应，定然会实行"言笃信，行笃敬"的格言。联系的结果是，吴贻芳可暂不必急于回国，等完成博士论文，通过答辨，拿到文凭再回校执事。

还有一件趣事值得一提，从中可看到她在密歇根大学读书的能力和程度。有一次将近考试，因朋友病得厉害，她旅行七天，去探望病情，回校的时候正赶上考试，这种情况下她居然得到特等的成绩。

她的老师很稀奇地对她说："下次考试的时候，你再去旅行一次罢，回来准可以考一个最优等。"吴贻芳笑答："感谢老师恩德。涸泽之中，哪有游鱼之乐啊！"

为了完成博士毕业论文，吴贻芳结合自己的专业，确实动了一番心思。她知道，写文章"选题"有事半功倍的作用，做学问又何尝不是呢。对于毕业论文的选题，她列了不下二十个，最后，她的目光竟落到让人最为讨厌的"黑蝇"身上。到过北美的人都知道，由于地理环境和气候的原因，那里生长一种昆虫，它极像中国的牛蝇，以吸食血液为本能。在劳作时节，耕牛怕极了这种昆虫，它们隔着厚厚的皮毛也能把血液吸走，被咬之后奇痒无比，还能造成溃烂，让牛的主人也很无奈。北美这种黑蝇，不是叮咬动物，而是叮食人类，令人痛疼难忍，与中国的牛蝇个头大小相当，咬人亦很严重。

吴贻芳郊游时也吃过黑蝇的苦头。她选择黑蝇这个题目，既有奇特性，又有普遍性。为了破译黑蝇的秘密，她决心开始田野考察。

密歇根州三面环水，像人轻拢的左手，直伸到一汪蔚蓝湖水之中，有大湖区"拱顶石"之说。密歇根分为三个部分：第一部分是整个上半岛和下半岛，北部是一片起伏的丘陵，还有一些山岭；第二部分是西起密歇根湖畔，东至萨吉诺湾，一条直线将下半岛分为两个部分，兰辛、弗林特等城市百分九十的人住在这条线以南；第三部分是底特律地区本身。黑蝇的活动区不在城市，而在北部山区。到那里考察有许多路要走，作为一个女生靠行走着实有些困难，何况吴贻芳是放足的小脚。

那时福特汽车公司经过反复试验，推出有史以来最受欢迎的T型汽车，并安装了一条生产流水线，每台车从九百五十美元降到三百五十美元。吴贻芳想买车代步去考察，但即使降了价仍是一个天文数字。望车兴叹之余，她把仅有的一点积蓄，买了一台福特公司早年生产的如今已经破旧的"老爷车"，有车代步就方便多了，她有时还拉上两个妹妹到野外去玩。

功夫不负有心人。几个月下来，她终于揭示了黑蝇从生长到死亡的全部奥秘。为了画出它生活历程上从卵到虫，又从虫到蝇过程中的每一个细节，参悟其生命本质，她陷入物我两忘的境界里，变苦恼为欢乐，在整整一个干燥的春天里，最终消弥了与这个小生命的抵牾，架起了心灵的沟通之桥，在一个个细节的破译中，她无处不显机锋。

很快，吴氏如是说——《黑蝇生活史》脱稿了。

初夏来临的时候，她顺利地完成了博士生答辩，交上了这篇揭密一个小生命面纱的论文。不久论文刊登在密歇根大学的学术杂志上，让许多人读后目光为之一亮。

六月，毕业典礼如期举行。吴贻芳身着博士服，头戴博士帽，她向校长躬躬致礼，接过颁给她的博士学位证书。她激动地把证举过头顶，向台下她的导师轻轻晃动。

台下的人群里，她看到她的导师玛丽教授正在擦拭脸上的泪水。

结束密大学业的那一年，吴贻芳已经三十五岁。

第三章 光裕金女大

一 初掌校政

一九二八年初秋，吴贻芳拿着美国"托事部"的介绍信，先后走访了美国几所名牌大学，她一面讲演，一面听取他们的办学经验。

结束六年的留学生涯，吴贻芳回到古都南京。在金陵神学院院长司徒雷登帮助下，办完了土地合同，经过德本康夫人等的几年努力，才建起了这座中国古典园林风格的校园。她立足未稳，便去参观这所金女大新址，徐亦蓁边走边如数家珍地为她介绍。

一九二三年夏天，学校师生用小驴车像燕子衔泥一样，从绣花巷搬到陶谷新校园。新校舍共有六幢传统式的大屋顶四合院建筑，其中三幢教学楼，三幢学生和教职员工宿舍楼。东边是社会与体育专业教学楼，一层是学校办公室，二层是体育馆，简称 100 号，面积为一千四百三十多平米。

北边是教育楼，简称 300 号，亦是上下两层各十六间，面积为一千四百九十多平米。

南边是科学楼，一层是生物课教室，二层是化学、物理课教室，简称 200 号，面积为一千五百四十多平米。

西边是三幢宿舍楼，一幢作教职工宿舍，两幢作学生宿舍，每幢约住五十人，每间住两人。楼内设交谊室、食堂、卫生间等设施，面积为一千一百五十多平米。

搬来时学生有一百二十人左右，多时达一百五十人，由文、理两科改设系、科。课程设置有英文、历史、社会学、数理学、化学、生物、音乐、体育、医预科等。

徐亦蓁最后说，新校园占地总面积一百六十亩，环境优美，教学设备齐全。

留英博士、时任武汉大学教授的袁昌英这一年也参观了金女大建筑。她在散文《游新都后的感想》一文中写道：

> 女子金陵大学的中西合璧式的构造，立在绿叶浓荫的花园茂林中真是巍然一座宫殿，俨然一所世外桃源的仙居。它的外貌的形式美，是它那红、黑、灰各种颜色的配合得法；是它那支干的匀称，位置的合宜；是它那中国曲线建筑的飘逸潇洒的气质战胜了西洋直线笨重气概。……女子金陵大学给我们一种唯美的、静肃的、逸致的印象。

袁昌英游金女大那年不知是谁接待的，然而她的描述却抓住了学校建筑风格的美和质感。

接下来，吴贻芳在老校长德本康夫人和其他教职员工的帮助下，边了解情况，边主持校政，逐渐进入工作状态。

　　一九二八年十一月三日上午十点，吴贻芳在学校 100 号大楼举行了隆重的就职典礼。这一天是个好日子，将永远铭记在金陵女子大学的史册上。

　　典礼除本校教职员工外，一些社会名流也前来祝贺，学校张灯结彩，锣鼓喧天，盛况空前。除南京来了不少名人志士外，还有上海等地来的宾客。这其中有蒋介石的夫人宋美龄，国民政府教育部长蒋梦麟的代表孟寿椿，南京中央大学代表俞庆棠，中国基督教教育会代表赵运文等。校董事会主席徐亦蓁首先致开幕辞。她介绍说：

　　　董事部同仁等，全体一致，以为能得到吴贻芳博士作校长，种种问题就能解决了。不过明知道吴博士在美国五年的研究，将要告成，就缺论文未毕，又须经过末次大考，欲顾全她的成功，即不敢造次请她立即回国，恐怕误了她的前程。所以，先写信请求她的意见。后来，得到她的答复，是很诚恳的，说假使母校急需她回国维持，她与母校有存亡的关系，虽论文未毕，可先行回来，相助一切，惟校长一席，万不敢受，因为她的目的，本是从事于研究科学。当这功亏一篑的时候，竟然肯牺牲了来维持母校，这种大公无私的德性，吾们听了能不佩服吗？敝同人等当时立即发电，谈美国"托事部"特约聘请吴女士为本校校长，美国委员会就恭请吴女士往纽约接洽一切，并参观东方著名的女子大学；俾将本为参考的资料，女士就不顾论文完毕与否，毅然地前往，一面演讲，一面参观，约两月之久。凡是听她的言论，都称道她很有领袖的资格，本校委员，就发电通告本董事部，已正式聘请了吴女士为本校校长。几个月后，鄙同人等接得吴女士来电，"论文已毕，考试及格，定期回国"。同人等接电以后，似乎大旱之得甘霖，实在喜出望外，直到今天，本董事部聘请吴贻芳博士为金陵女子大学校长，才得正式告成。

接着，德本康夫人作离职演讲。她重申了金女大创办宗旨，是为中国"训练基督徒妇女领袖"，并强调："信、望、爱乃金女大之办学根基。金女大是以基督的爱来办学，以基督的精神来维持。这种爱植根在神的爱里，由耶稣基督彰显出来。"

她讲演完毕，将学校的印章交给徐亦蓁，徐又将印章代表校董事会交给了吴贻芳。

吴贻芳接印章后在简短的致辞中，首先回顾了学校过去，"一方面有这样壮丽的校舍，完美的设备；一方面在社会上有一百二十多名毕业生，在教育界及他种事业上服务"。她在肯定以往取得成绩的同时，又根据今天的社会需要，着重讲了今后的办学宗旨。她说："金陵女子大学开办的目的是应光复后时势的需要，造就女界领袖，为社会之用。现在办校，亦是培养人才，从事中国的各种工作……学校于国学、科学同时并重，既培养了中国学者的思想，又能得到科学家的方法，然后到社会上，才能应各种新需要，运用自己所学，贡献给各种工作。"

接下来，宋美龄讲话说："金陵之使命重大，设备完全，声誉隆盛，今日得参加盛会，非常荣幸！中国女子能入大学者颇少，今诸君有此良机，是不得不为诸君贺也。然因诸君之机会优，诸君之责任亦大，今日予所希望诸君者有三端：一、对于民众，诸君须以先知先觉引导之；二、对于中国国民党，请诸君须努力实现党纲；三、对于社会，诸君须以热忱牺牲之精神而服务。能如是，则大学之机会，师长之苦心，庶不负矣。"

再是到会嘉宾次第上台，喜致贺辞。

最后，在热烈的掌声中这次就职庆典结束。

金陵女子大学校长的改组，是东西方两种文化碰撞的结果，也是北伐革命成功的结果。基督教在历史上曾有过四次传入中国：

第一次为景教时期。唐太宗九年（635）年间，"一群聂斯多略派人由阿罗本领导来至中国"，到唐武宗五年（845），谕"勒大秦穆护袄、袄教（景教）之千余人还俗"，景教在中原地区传播就此告一段落。

第二次是也里可温时期。这一时期基督教被元朝的蒙古人称为"也里可温"，最典型的是马可波罗来到北京，随行者有许多是基督徒，不可避免地促进了基督教再次兴盛起来。

第三次是明清时期。明世宗三十六年（1557）葡萄牙人以澳门为跳板，积极向内地传教。二十多年后，范礼安、利玛窦等传教士入华，并备好自鸣钟、圣经、《万国图志》、大西洋琴等物，取得明神宗的信任，遂获准在北京长居。当时的统治阶层根本没有意识到传教之事，利玛窦便利用丰富的学识结交公卿大臣，将天主教传播开来。到崇祯十年（1637）北京和江南地区教徒人数已增加到四万多人。到清康熙二十八年（1689），中俄在北方勘定边界谈判时，耶稣会神父张诚、徐日升担任中方代表团翻译；俄方多次私下表示希望两位神父为他们出力但均遭到拒绝，《中俄尼布楚条约》于九月平等签订。对此，康熙十分满意地说，"尔等为此事出力颇多"。之后康熙又将其招至内廷，为其讲解量法、测算、天文、格致等西方学术，并一直持续多年。由此，天主教得以到内地传播。到康熙四十年（1701），中国教徒已增加到三十万人。后因天主教与中国礼仪之争，导致了从雍正、乾隆、嘉庆和道光四朝，禁教长达一百三十八年之久。

第四次传入是嘉庆十二年（1807），英国伦敦会自传教士马礼逊来华，为中国近代基督教（即新教）传教。这次传教与前三次有着明显不同，在基督教传入中国的同时，也带来了因西方宗教改革及启蒙运动兴起的西方资本主义文化。基督教与中国传统文化相遇，有一个碰撞与融合的过程。其结果是把西方的人文思想和先进的科学技术，通过教育、医药、实业、出版等引进来，也对中国社会产生了不可忽视的影响。因中国禁教令还未解除，只能在香港、澳门、广州等地徘徊，为进入中国作积极准备。鸦片战争的打响，给一些西方传教士带来了机会，他们全身心投入到这场罪恶的战争里。在打开中国大门这一共同目标下，传教士一面为基督教会服务，一面为殖民主义侵略效力，他们身兼数职，不同场合扮演不同角色。

综观这一时期的传教活动，他们以行医、办学为载体，企图取得中国人的信任和好感，来传播基督文化，达到"上帝的使者"托付给他们的"使命"。然而随着中西方政治、军事经济上介入，多次发生战争，并两次进入京城烧杀抢劫，中西方文化的碰撞愈加深入，中国甚至到亡国的程度，基督教深陷其中，有脱不开的干系，因此招致中国人普遍反对和抵触。

一九二七年三月，北伐军攻陷南京。英、美、法等国军舰炮击南京，中国军民死伤二千余人，造成"南京惨案"。国民革命军枪杀了几个西方传教士，其中就有金陵大学副校长文怀恩。在南京的外国人纷纷撤到下关停靠的军舰上，金陵女子大学校长德本康夫人及西方教职人员，也离校疏散到上海。

随即，南京国民政府发出"收回教育权"的政令，归纳有如下诸点：

一、外国人不得为校董，但有特别情形者，得酌量充任，惟本国人董事名额占多数；外国人不得为董事长或董事会主席。

二、不得以外国人为校长。如有特别情形者，可另聘外国人为顾问。

三、外国人设立的教会学校均属私立学校，须接受教育行政机关之监督及指导。

四、私立学校不得以宗教科目为必修科，亦不得在课内做宗教宣传。如有宗教仪式，不得强迫学生参加。

五、全国教会学校向政府注册认可。

根据上述精神，德本康夫人及外籍教员提出辞职。她在其所著《金陵女子大学》一书中说：

希望学校能体谅他们的苦衷，她们这样做，对执行委员会来说，是最好的决定。她们做出这一决定并不是不愿继续在金陵工作，而是为了推进学校行政机构的调整，促成一个中国人领导下的新的行政机构的产生。这一重新调整之所以必要，不仅是保证学校通过官方注册的需要，而且也是为了跟上时代的步伐。

德本康夫人的辞职是时代大势所趋，她的心里也许藏着许多不舍和无奈。

那时候，金女大提名接任校长的人选有两人，一位是郝映青（她是德本康夫人推荐的），一位是吴贻芳，经过徐亦蓁主推和原吴贻芳的导师黎富思的力挺，最后吴贻芳胜出。

吴贻芳给足了德本康夫人面子，继续挽留她在学校执教并兼任金女大校长顾问。

不久，德本康夫人向校方请假，回美国探亲去了。

吴贻芳出任校长后，根据国民政府的法令和学校的实际情况，对金女大机构编制作了适当调整。

在这之前，金女大由小到大，有一个演变过程。最初是由参与创办的教会各选三名成员，组成管理委员会，由管理委员会选举德本康夫人为首任校长。

一九二七年后，根据国民政府要求，将管理委员会改为学校董事会，实行由董事会领导下的校长负责制。根据当时教会学校的一般做法，金女大在创办过程中，还想在海外建一个代理人（委托人）机构，负责国内与海外创始人、教会组织托管、捐款等事宜。然而，金女大并无这样机构，而是由金陵大学托事部代管。德本康夫人在《金陵女子大学》一书中回忆说：

> 金陵实现托管人正常功能的机构不是一个而是两个。在华托事部是一个老机构，承担了一九一四年制定的章程规定的某种权利和义务，这对于推进学校的工作是必要的。章程也假定了托管人的存在，尽管它在当时还纯粹属于子虚乌有。所幸的是，金陵女子大

学能够与金陵大学的托事部一道，做出一个令人满意的安排，后者在一九一一年从纽约州立大学董事会那里得到一份办学执照。这些托管人，加上在金陵合作的五个（会的）妇女，代表了在金陵（在华）合作的五个（会的）组织。她们共同组成了金陵女子学院委员会，负责处理与金陵（大学）有关的一切问题。金陵大学的托管部为金陵女子大学托管了它的全部财产、捐款，并将这些资金和其他礼物转交给（金女大）董事部（会）。董事部负责管理这些来自托管人和其他基金团体的基金，照看所有财产，收集学费，任命校长和教员，确定所有助手的薪水，采纳学习课程，决定入学申请，准备年度预算并呈交给托管人。

一言以蔽之，托事部即专管学校资金收与支的财务监管部门，也是维系金女大生命的资金来源的钱袋子。直到一九三五年，金陵女子大学从纽约州董事部获得了执照，才从金陵大学托事部分离出来，有了自己的托管人。

吴贻芳就任校长后，根据国民政府公布的《大学组织法》、《专科学校组织法》规定，落实学校的组织机构和人员配置。

一、学校董事会。包括创办人和财务两个委员会。

二、校长。负责全校事务：1. 设校务会、校务常委会和全体教职员会；2. 行政组织：总务处、训导处、会计室、教务处、诊所；3. 各委员会：课程、招生、图书馆、生活指导、校产、卫生等委员会。

三、院系编制。1. 文科：历史系、英文系、国文系、社会学系、音乐系、体育系（专修科）、政治系、经济系、哲学系（后三个系因各种原因停止招生）；2. 理科：数学系（后停招）、家政系（后增设）、生物系、化学系、地理系。

四、学生社团组织。自治会（后改名厚生团）、基督教女青年会等。

根据教育部对大学教师资格的要求，吴贻芳采取以下措施，以补充教师队伍之需。

一、解决中外教师比例失调，实现由外籍教师为主向以中国教师为主的转变。从一九三〇年的统计数字看，金女大教职员工总数为四十七人，其中中国籍三十人，美籍十四人，英籍一人，法籍一人，德籍一人。

二、聘请南京其他高校教师做兼职教师。

三、邀请外国学者、教授进行名人度假、访问讲学。

四、发动在职教师推荐教师。

五、实行教职员工就职宣誓典礼，形成同舟共济之心等。

通过以上努力，基本解决了师资不足的问题。稳定了教师队伍后，还有一个很重要的问题就是他们的居住条件和薪俸待遇。

德本康夫人时期，教师以外籍为主，她们的工资由创办学校的教会提供，参照国外标准。这些教师多凭对教会和金女大的事业关爱程度决定去留。

吴贻芳接任校长后，从住房、薪俸等方面保证生活待遇。从中国第二历史档案馆保存的一张《金女大教师福利和教师待遇》表格中可以得到体现：

　　　本院教员分为助教、讲师、副教授、教授四等，其待遇如下：

　　一、助教 100—180 元；

　　二、讲师 160—260 元；

　　三、副教授 240—360 元；

　　四、教授 320—500 元。

　　以上为教师正薪。津贴有下列各种：

　　一、生活津贴：每人每月 200 元。

　　二、薪贴：助教每月 20—30 元；讲师每月 30—40元；副教授每月 40—50 元；教授每月 50—80 元。

　　三、专任教员之指数津贴：按每月物价指数及薪额各贴 20%。例如 10 月份此项津贴为正薪之 6 倍半，则月薪 100 元者可得津贴 650 元。

　　四、米贴：除教员本人 1 双市斗外，直系眷属之无职业者亦照教员本人贴付。惟不满 10 岁之子女则贴5 双市升。此项米贴每双市斗均须扣基本米价 10 元。

　　五、日用品津贴：教员本人全年为 800 元，其无职业之配偶同子女则为 300 元，均一次发给。

　　六、房贴：凡不住本校宿舍者，月贴房租 30 元，有眷属者加倍。

　　兼任教员以授课时间计算，讲师每小时 30 元，副教授每小时 40 元，教授每小时 50 元。

　　这张表格虽然未注明时间，但从相关内容推测是抗战前实行的待遇标准。这个标准，是高于国内其他大学的。

　　吴贻芳上任不长的时间里，便组建了一支坚强的教育团队。据统计，从一九二八年至一九三七年，金女大毕业生达二百九十人，专修科毕业生二十五人。

这期间，图书馆行政楼、教堂音乐楼和宋氏三姐妹捐赠的实验中学宿舍均动工并完成；先后增设了地理系、数学系、体育简易科、平民教育夜校等；创办了《金陵女子文理学院校刊》；毕业生获得美国纽约州大学院颁发的毕业学位文件，从一九三五年起，金女大可直接授予国际认可的学位和文凭。

这期间，吴贻芳出任基督教全国协会会长，并担任了国际基督教协进会常务委员。

在吴贻芳的带领下，金陵女子文理学院生员不断增加，学校规模不断扩大，教学质量显著提升，赢得了师生和社会的普遍赞誉。

二　以"厚生"为旗

金陵女子大学的办学宗旨是在开校后的一九一六年，针对当时的教学情况提出的。

德本康夫人、蔡路德在《金陵女子大学》一书中这样写道：

我们要求我们的教师在业余时间提高自身素质，多与学生接触。我们要使任何与学院相关的问题（教育的、科学的、社会的、宗教的问题）的学习成为可能，并且要处于能够帮助低于学院水平的学校的地位。只要有可能，我们将提供科学、教育、宗教方面的特殊课程，以便学生在服务于这三个领域时，身体、心智以及精神意志能适应其需要。我相信，学院全部学习训练对于那些有志成为中国基督教领袖的年轻女性来说，将是一种理想的准备。我想，这是一种她们自己愿意选择的训练。它将使我们把学院办得更有特点，更能鼓励学生树立高的目标，更能引导学生将自己的全部生活奉献给耶稣基督和他的天国。

德本康夫人毕业于美国霍利奥克学院，有过在美国东部大学"学生志愿运动团秘书"和中国长沙雅礼教会儿童学校教书的背景，一九一三年十一月十三日被美国教会推举为金女大第一任校长，经过两年的筹备，于一九一五年九月十七日开学。这段讲话是在开学后的第二年说的，并无什么高深的理论概括，仿佛一位布道人站在礼堂的台阶上，在管风琴的奏鸣声中，为皈依者讲授着上帝古老的逻辑。作为办学宗旨，似缺乏理论根据，从学理上还差一点火候。

对于校训出现的时间和地点。德本康夫人回忆说：

当一九一九年六月第一班（毕业）的学生获得其学位时，学院已经有了自己的校徽、校歌、校服和校训……校训是由学生和教师共同选定的，最后有董事部和金陵学院委员会予以确认……校训——"厚生"——在前进路道路上有了艰难险阻，以及人们的精神需要春雨的滋润时，是人们的精神源泉。

这便是"校训"的起始和来源。同时又是集体的创意。

"厚生"一词来自《圣经》，即丰富的人生之意。原文是《新约·约翰福音·主是好牧人》第十章第十节的一段经文。抄录如下：

　　盗贼来，无非要偷窃、杀害、毁坏；我来了，要
是叫人得生命，并且得的更丰富。

　　他们取后一句经文作为理论依据，以此来唤起信仰的力量，昭示人们彼此相亲，生在世界之内，更在世界之外——天堂。
　　吴贻芳在《金女大四十年》一文中说：

　　当时学校用"厚生"作为校训，立意为：人生的
目的，不光是为自己活着，而是要用自己的智慧和能
力来帮助他人和社会，这样不但有益于别人，自己的
生命也因之而更丰满。学校用这个为目标来教导学生，
并通过学校生活的各方面以潜移默化的方式引导学生
向这个方向努力。

　　很显然，德本康夫人讲的"厚生"还停留在学生的自身修养层面，而吴贻芳讲的"厚生"则提高了一个层面，或者说更前了一步。她强调的"更丰满"不是个人的，而是他人的和社会的。因此她强调的"厚生"，是希望让学生的人格修养再提高一个档次。由此可以看出，两位校长对"厚生"的理解有共同之处，但又有很大的差异。
　　为此，学校在宏观上做了多方面设计，以"厚生"为旗，结合读书和各项活动，对师生进行引导和贯彻，渗透到每个人的精神世界。吴贻芳所谈所行的载体大致有以下几个方面。
　　第一，将学生的神学课程纳入哲学课的学习之中，增强学生在生活中的认识和实践。
　　第二，把校旗突出了"厚生"二字，放在了校旗的中央，

增强它的视觉效果。

第三，把校歌的歌词作了修改：

> 虎踞龙盘兮，女校曰金陵，
> 学科分文理，研析求其真。
> 看山高水长，浩荡莫与京，
> 国家民族待，兹山川效应。
> 中华号古国，文化早著名，
> 道艺与方技，学海浩无垠。
> 化民务成俗，立己更立人，
> 女界多才秀，莘华赖栽成。

比起一九一九年的歌词"大洋达美洲"，增添了"中华号古国"和"国家民族待"的内容，尤其突出了吴贻芳对于"厚生"的最新解读——"化民务成俗，立己更立人"的人生大境界。

第四，把学生自治会改为"厚生团"，校长吴贻芳亲自出任顾问，并制订了《厚生团章程》，规定了宗旨、权力、义务等条款。

第五，把基督教青年会改为学生青年会。吴贻芳在一次工作报告中说："一九二八年女青年会的活动有祈祷会，逢星期四进行，星期日晚祈祷会出席的人数令人满意。此外没有自由参加的查经班，由教职员带领。"通过女青年会重视宗教教义的传播，虽有改革方面的不足，但通过乐群社对于形势的宣传，金女大学生将自己的服务提升到挽救民族危亡的高度，这使宗教与人形成了积极的促进影响，也使宗教与教育相互融合，共同发展。

吴贻芳在落实"厚生"这一精神时，不仅从大处着眼，还从细部抓起，使之具体化。她在《基督教教育之特殊贡献》讲话中说：

> 人格教育的实现，因习惯贵在"慎之于微"，而学校尤当注重慎微的陶冶，方能使整个的人生有良好的发展……学生能够人格完全与否，全在教职员方面平时所与以耳濡目染的模范之良否；（学校教育）确非单独注意于课本上的接受，是在司教职者能在他们整个生活中时时表现基督的真精神，以熏学子。

在"厚生"教育中，她凸显了学生人格完全与否，不能只注意课本上的已有定义，这是传灯者的一种智慧，如果没有知行合一，学子们的价值观升腾便成为泡沫。完成另外一种引领，要知其大，成其微。这是吴贻芳校长与德本康夫人校长的不同之点。

随着国家大势的变化，战乱频发，民族危机日渐深重，吴贻芳作为一校之长，爱国教育成为不可或缺的教学科目。她在民国二十七年（1939）庆祝双十节纪念典礼讲话中，除告之学生为他人做牺牲外，还提倡要考虑个人对国家付出何等代价。

在大时代中，每个人皆有极大的使命，且对此使命要有深刻认识。只有亲自进入火中，生出血与火的情绪，才能除去苟且偷安的劣习，树起"我在这里，来差遣我"的献身精神。

此时的"厚生"教育，吴贻芳又将其人格精神张扬成一种剑客的无畏，注入了爱国主义内涵和情怀。她的学生们也亦步亦趋地加深着对"厚生"精神的不同解读和诠释。

一九二八级的学生黄续汉概括为"精神核心说"：

我们要把个人利益和人民利益联系在一起，把自己的前途和祖国的命运联系在一起。"厚生"精神的核心是给予而不是索取，是奉献而不是自私。

一九三〇级的学生李明珍诠释成为"国家贡献说"：

要明确在校用功读书，学好本领，不是为了将来成名成家，追求名利，贪图自己的享受，而是应该多考虑他人，放眼世界，为国家、社会贡献自己的力量。这样，才使我们的人生更有意义，更为丰富！

一九三〇级另一名学生朱觉方感悟成"东西文化融会说"：

在金女大的校歌里有一句"立己更立人"……有一天我忽然领悟，我体会到"厚生"与"立己更立人"之间有融会贯通东西文化之妙……这是金陵精神的又一个定义，出于中国固有的传统。

更有甚者，一九四六级学生傅伍仪竟引伸为"为人民服务说"：

在解放后的革命工作中，隐约感到革命者"为人民服务"与女大"厚生"精神是一致的。后来查了《辞海》，"厚生"的两字简言之是"充裕人民的生活"，详细意思"厚生，谓薄征徭，轻赋税，不夺农时，令民生计温厚，衣食丰足"。

这就是金女大关于"厚生"精神的薪火相传之意。她们从西方那部古老的经典里取来爝火，在中国的这块土地上燃烧着，同化着，以独有的特色呈现在人们面前。

吴贻芳也从旧时代的裹足、放足的窠臼里走了出来，迈开蝶化的那双小脚，带领她的弟子们，向着教育家的广阔道路上迈进。

三　注册之难

吴贻芳一上任，就赶上学院注册这个难题，前校长德本康夫人顾而不问，离开金女大回美国休假去了。

原因很明显，一边是国民政府"大学院"（即教育部）的有关规定；另一边是学校董事会"美国"托事部，也就是学院经费的出资方。

吴贻芳此刻犯了难。面前卧只"拦路虎"，迈不过去，金女大注不了册，就得不到国民政府开列的优待条件：办学招生、学生留学、毕业就职等问题。此时的吴贻芳仿佛置身于一口热锅上，火，在下面不急不慢地燃着，让她十分难受。

这是一个悖论的游戏规则。吴贻芳觉得，做学问、搞科研难，做校长、办事情同样很难。

好友徐亦蓁当董事长也不轻松，她也生活在矛盾堆里。学校从上到下，从大到小，事无具细都得过问，她的压力也不小。虽然她给吴贻芳鼎力相助，但有些事她也帮不上忙。她的丈夫在上海开过骨科医院，对于注册的概念和办理还懂得一些，但金女大的注册全然不同，一时她也没有好的办法。

徐亦蓁也是不久前回金女大任董事长的，就当时情形，有被德本康夫人利用的成分，让她挡一挡国民政府"收回教育权"之急。一九二二年她在北京女高师与吴贻芳分手后也去了美国，在哥伦比亚大学师范学院主修教育行政，副修心理学。第二年获得硕士学位后回到上海。一九二四年，同哈佛大学医学博士牛惠生结婚，并在上海开了一家骨科医院，协助丈夫管理医院事务。如今这对同窗好友回到母校服务，又成了命运共同体。

她们多次交流，商量应对之策，企图找到方案的突破口，完成金女大的注册。然而，双方那些硬性指标很难突破，更谈不上一蹴而就。

大学院一方认为：

> 教会是保守的，无论什么样尊重科学，一到《圣经》的成语，便绝对不许批评……教会是有差别的，基督教与回教不同，回教又与佛教不同。不但这样，基督教里面，天主教与耶稣教又不但这样，耶稣教里面，又有长老会、浸礼会、美以美会等派别的不同。彼此谁真谁伪，永远没有定论……教育事业不可不超然于多派教会以外。

金女大董事会一方则认为：教会学校尤其是教会大学一定保留宣教目的，保留宗教课程，并要求政府能网开一面。

这样，政府的注册要求和教会学校注册的期待便很难统一，双方意见形成对峙。按学校董事会的意见，注册申请当然不会被政府批准。

这期间，吴贻芳意识到必须做好学院与政府两个方面的工作，找到一个契合点，才能达到注册目的。于是她走访了金陵大学和东吴大学，向他们介绍了自己的注册情况。从交流中得知，向政府申请注册不能载有"基督教"字眼，不然注册就不会被批准。吴贻芳又拜访了教育行政当局，同时把交谈和了解到的情况转述给校董事会，以求问题得到解决。

然而，金女大董事会不仅不接纳教育行政当局意见，仍坚持"发展基督化人格"等字眼。纽约委员会方面更是不顾国民政府教育当局的意见，还提出"不注册"的问题，企图绕开中国政府。

为此吴贻芳再次跑到教育当局商议，回答是：

要求学校注册的目的，是删除那些只有大学名义而实质未达到水准的学校。如果金女大不向政府注册，金女大就得不到一些利益，不能享受某些权力，如进口仪器和设备关税的减免，学生出国留学的政府申请奖学金的资格，毕业生在政府注册的学校找不到教席就业等。

吴贻芳听后，这样做事情将更加麻烦。于是她于一九二九年五月再次给金女大委员会写信，将教育当局上述意见作了转述，并说服校委会修改"办学目标"中的"在基督徒的赞助下"和"发展基督化人格"等字眼，这是国民政府的底线。她鼓励校委会不应放弃最后一里路，曙光就在前头，她愿意再去与政府部门协商。

在这同时，因注册问题严重影响了学校招生，引起学生不满，一些学生质问："为什么金女大注不了册，时间拖这么久？"这些压力也成为促使校委员做出让步的动能。

吴贻芳经过与教育部官员反复磋商，将金女大办学目标表述为：

> 指导委员会的目的是要在南京指导一所私立女子高等学校的发展。这所学校将根据作为其创始人的五个基督教差会部设定的最初目的，依照最高的教育效率的标准，提高公民的社会福利，使公民树立起崇高的理想，发展自身的特征，使之成为同类学校的最高典范。

吴贻芳认为，办学宗旨的这种表述仍然不符合教育部有关精神，需要把"五个基督教差会"字眼去掉。最终教育部批准注册中有关办学宗旨部分原文是：

> 校董事会在南京设立这所女子高等学院，旨在按最高的教育效率来促进社会福利及公民的崇高思想，培养高尚人格，以期符合创办人的宗旨。

经过两年的折腾，金女大于一九三〇年十二月，经教育部核准立案，终于完成了注册。然而，学校名称又发生了问题。

根据国民政府颁布的《大学组织法》，其中"大学分文、理、法、教育、农、工、商、医务学院。凡具备三学院以上者，始得立为大学。不具备三学院以上条件者，为独立学院。"

按此规定，金陵女子大学只有文理两个学院，因此不符合"大学"规定精神，故注册名称便改为金陵女子文理学院，校旗、校刊名称也相应作了修改，但人们在习惯上仍称金女大。

吴贻芳在《金女大四十年》一文中说：

　　金女大在创办初期规定学生必须选修一门宗教课，每天上午必须参加早祷，时间约二十分钟。一九二八年我继任校长后，由于受教会学校教育的影响，想不到改革，只是执行旧的传统，一切宗教性质的活动照常进行。在准备立案的过程中，宗教课才改为选修，每日早祷改为自由参加。不过仍保留一些宗教课程，放在哲学系里。事实上主修宗教专业的人数极少，据注册处记录，主修宗教教育的毕业生只有一人。信教的教师在非教徒的学生中进行传教活动，对不信教的学生，教师从不施加压力，主要是潜移默化。

　　星期日的宗教仪式是在金陵大学做礼拜，由金陵大学聘请的牧师主持。两校师生自由参加。

　　注册后的金女大，有教职员工有四十七人，其中中国国籍三十人，美国籍十四人，英国籍、法国籍和德国籍各一人。

　　为符合教育部要求，金女大结合妇女特点，专业设置作出如下调整：增设中国语文专业、家政专业、社会工作专业、体育专修科、托儿工作专业。经济学、政治学、哲学、数学、物理学、宗教专业，视情况作了合并或逐步消减。

　　对于这种调整和变化，金女大前任校长德本康夫人等一些人是不满意的，甚至感到非常难过。一九三〇年十二月她写道：

　　立案后学校的行政出现极大变动。学校放弃了学生必须出席早祷会及以宗教为必修课的要求，在每日早祷中，只有百分之三十的出席率。学期初平均有百分之五十学生出席。一年级学生出席人数少于百分之二十。当她每次见到礼堂空置的座位时候感到悲痛欲绝，学校的士气大降。其实每日的灵修除有宗教值价外，也可唤起全体员生团队的精神。

吴贻芳感受到了德本康夫人等人的不满，但她对一些外籍教师试图以宗教影响学生的活动从未限制。并且，吴贻芳在坚持立案要求的同时，讲话中适度强调基督精神、基督人格锻炼的内容，逐渐消解她们的不满，抚平她们的情绪，从而取得她们对办好教育的支持。

德本康夫人回美休假的时间为三年，回来后带回十万美金的捐款。她在学院除担任教授和顾问外，吴贻芳又安排她担任校舍建筑的监督人。

在吴贻芳最初接任校长的几年里，立案注册着实花费了许多的精力和时间。注册完成后，经过一段时间的努力，终于理顺了关系，金女大较好地完成了转型。

然而，就在她刚刚松口气时，又一桩不幸落到她的头上，家中唯一的亲人——妹妹吴贻荃突然失踪了。

就在吴贻芳回国到金女大担任校长不久，妹妹吴贻荃和表妹陈慧也从密歇根大学完成学业回国。她不愿在母校和姐姐手下担任教职，去了菲律宾一个华侨学校教书，后来又回到上海在一户人家做家庭教师。吴贻芳在南京以校为家，很少回上海与妹妹见面，书信往来也由表妹陈慧收转，因为吴贻荃觉得做家庭教师有些伤自尊，不愿把地址告诉姐姐。

吴贻芳也只是借放假机会到上海探望一下二姨父一家，并和妹妹见见面。二姨夫陈叔通有时也和她们谈话，他发现吴贻荃思想新潮，有不少独特见解。他曾对吴贻芳说："你妹妹政治上比你懂得多啊。"

一九三三年暑期前的一天，吴贻荃突然来到金女大，妹妹来校看她，自然十分高兴。吴贻芳发现妹妹有话要说，不巧的是，当晚校董会执行委员会为筹款的事要开会（那一年学校出现赤字一千七百多元），她又是会议的主持者，当然不能缺席。深夜开完会回来，妹妹已经睡下。第二天清晨，妹妹又赶火车回上海，这匆匆一见，竟成了姐妹二人的诀别。

七月十六日，吴贻芳又去出席在美国芝加哥召开的为期一周的国际妇女会议。她给妹妹写信，好久不见回信，她感到有些奇怪，于是便给二姨父写信，陈叔通回信只告之贻荃大概很忙，近来也不常回家。

一九三四年初，吴贻芳返回国内，才知道妹妹失踪了。原来吴贻芳去美国不久，吴贻荃便回到姨父母家里，取走了夏衣和蚊帐等物，说要与主人一家去宁波普陀山度夏，不久便失去了消息。

表妹陈慧到处打听，也未听到贻荃的下落。贻荃存在银行的钱也取走了，她读过的书和她的照片全部带走了。妹妹的失踪，又揭开了吴贻芳心灵的伤疤，她心急如焚，后悔不已。

为了寻找贻荃，她亲自奔赴菲律宾的雅卡塔，找到贻荃一个要好的朋友。那个朋友告诉她，贻荃从菲回国后，曾给她来过几封信，其中有两封信提到看了苏联的电影，她感到很有意义，让她有机会也看一看，但是从去年下半年就不见她的书信了。

另一个消息更让吴贻芳震惊。

在贻荃告诉表妹陈慧到普陀山度夏后，曾有人在上海租界见过她。吴贻芳立刻在脑海里出现这样一个想法：她会不会去苏联呢？因为那时有许多进步青年去了苏联。

她曾托苏联大使馆帮助寻找，但仍杳无音信，吴贻芳的心碎了。贻荃失踪的事，最终成了一个谜。

吴贻芳承受着命运给她带来的痛苦和不幸，她再一次艰难前行，独自迎接人生路上种种风雨的挑战。

四　杏坛花色殊不同

金女大教学理念的确立，拉开了吴贻芳从事校长之职的序幕。然而，利用有限的资源和条件，推陈出新，继往开来，在照顾一般科系教学的同时，找准发力点，办出特色，是摆在她这位年轻校长面前至关重要的课题。

在文、理两科下设的众多科系中，学生从主修和辅修开始，沿着这个制度教学大约进行了十年，回过头来看看，学生毕业"最多的是社会学系，其次是生物、化学、历史、家政、体育、音乐等系"。这给吴贻芳一个启示，社会需求才是办学的奋斗目标，必须及时调整那些不符合现实的规则，以教育家的气派顺应时代发展需求，服务和回报社会。古人说："名无固定，约定成俗谓之名"，变革生存空间，形成自己的特色和风格是十分重要的。

第一是金女大社会学系的变革。

为了培养为社会服务的人才，一九二四年，聘请美国克拉克大学毕业的社会学博士穆斯曼小姐任系主任。所设课程有三十五项之多，如社会学原理、社会问题、中国社会史、民族学、社会统计学、社会制度、家庭、都市社会学、农村社会学、社会思想史、社会教育学、宗教社会学、经济社会学、社会变迁、西洋社会思想史、社区组织、儿童福利、社会心理学、社会研究方法、社会调查、个案工作、集团工作、社会事业与行政、近代社会运动、社会病理学、贫穷与救济、社会机关行政、合作经济、乡村教育、劳工问题、近代社会学原理、犯罪学、社会立法、精神病理社会工作等。除完成上述课程，还要通过实习，完成毕业答辩和论文。

金女大的社会学系，后来成为最受学生欢迎的专业，有金女大"红系"之称，占全校毕业生的近百分之二十三，超过毕业总人数的五分之一。

吴贻芳担任校长后，尤其看重这门新兴学科的发展和他的社会服务工作。她聘请资深教员，并鼓励学生毕业后继续深造和回校任教，如抗战期间曾担任系主任的著名社会学家龙冠海先生、留美社会学博士校友朱觉方、硕士陈文仙，社会心理学博士张乡兰等。他们进一步强调为社会服务的精神，自己也积极加入到这一活动中。为适应抗战需要，他们还建立了乡村服务处，分成妇婴组、幼儿教育组、挑绣桃花组和鸡种改良组，利用寒暑假开展专门活动。这些活动不仅为社会发展贡献了力量，还培养输送了许多社会工作的专业人才。金女大社会学系在引进西方社会工作理念与方法的同时，并没有照抄、照搬其特定内容，而是超越了抗战前（特别是二十年代）教会学校及其慈善机构服务的狭窄范围，结合时代特点，为中国的社会现实服务。

第二是增设的家政系。

这个系刚建立起时，就受到金女大学生的欢迎，"已成为金陵第三大专业，学生修读人数仅次于社会学系和英语系"。

家政专业又称家事学，是二十世纪初美国大学中的重要学科。早在一九三七年就有人向吴贻芳建议金女大设立这个专业，吴贻芳认为，大学不仅仅考虑大众的实际用途，还必须有高度科学化的标准才能开设。吴贻芳经过深思熟虑，两年后请了华南女子大学负责家政系而且经营得卓有成效的陈佩兰女士来校任教，在教学内容上，又参照了美国的学科模式。

金女大家政系与一般女子大学开展的家政系有所不同，一开始就与社会现实紧密相连。根据中国战时的经济状况，最初只是强调营养学一途，后来随着战争的发展，孤儿和难童越来越多，救助常常因缺乏训练而遭受挫折。因此，这个专业开设了与儿童密切相关的课程，并不断充实和完善。吴贻芳在《金女大四十年》一文中说：

> 家政系分儿童福利、营养、应用艺术三个组，课程有儿童发展、儿童健康、托儿所管理、普通心理学、营养学、膳食与疾病、烹饪学、应用艺术、生理学等，所以属于理科。

在战时物价飞涨，物资极度匮乏的情况下，如何保持营养平衡，具有不同寻常的现实意义。

与社会学系一样，家政系最大特色是和战时社会相结合，在教学的同时注重实践和服务。他们在校内有家政实习室，校外在仁寿、淳化又设了乡村服务处、儿童行为指导所和儿童福利实验所，免费照看并训练那些小商小贩家庭中的贫苦儿童，对于这一学科的实施，四川省政府也给予了大力支持。留守南京校园的师生也在难民营开办了家政科，让她们掌握一定的技术和自力更生的能力。开办的课程有纺织班、饲养班、烹饪班等，后来又增设了糖果制作，用美国式的盒子装好，卖给外国的传教士，帮助难民增加收入。德本康夫人、蔡路德在《金陵女子大学》一书中回忆：

> 一个由吴贻芳博士担任主席，十四人组成的儿童福利委员会根据这些不同的课程，制订了一个完整的计划，包括儿童的发展、儿童心理、儿童健康、儿童营养以及儿童福利机构的管理等内容。

从这些文字回忆不难看出，作为校长的吴贻芳，为推动家政系的开办，起了关键作用。在抗战胜利以后的日子里，金女大的家政系还有进一步发展。

第三是英文系。

英文系是金女大的强项，也是学生必修课程。据孙海英编著的《金陵女子大学》一书的记载，先后有七名教授在英文系授课。他们是一九一七年来校任教的薛浦来；一九三〇年由美国来校任教的丽莉亚·诺宾斯小姐（毕业于波士顿大学）；一九二五年九月来校任教的阿尔法·B·布什小姐；一九二六年由美国来校任教的玛利·库克小姐（毕业于施密斯学院）；一九四四年八月延聘克馥兰博士任外文系（一九三九年英文系更名）主任；一九四八年，本校出国进修返校的潘耀泉，以及校长办公室英文秘书凯瑟琳，也兼任英语教师等。所设课程主要是英国文学史、英诗入门、莎士比亚、作文、古典文学、中世纪文学、十八世纪文学、现代小说、现代戏剧、美国文学、文学批评、《圣经·旧约》、语音学及法语等。

吴贻芳在《金女大四十年》一文中写道：

> 重视外语教学也是一个特点。一二年级必修英语，在二年级读完后举行一次英语概括考试，测验学生对英语的理解和运用能力。测验及格才准升入三年级，主修或辅修英语者除外，免试英语。如果测验不及格，必须在三年级补读一年英语，再参加概括考试，如果仍不及格，就须自动退学。在普通英语课中，每学期必须苦读若干本英语小说名著……学生平时读、写、听、说英语的机会较多。除中文外，每学期都有英语演讲会、辩论会、还上演英语剧。英语系还举行用英语讨论的英语文学座谈会。所以凡是金女大毕业生，不论主修哪一系，都具有一定的英语水平。

一九四七级外文系学生吕文镜回忆外文系："这些课程似乎都没有现成的教材，原著或参考书由学生向系里或图书馆借阅。系里还有一本自编的语法手册供学生借用，内容为学生易犯的语法错误及改正答案。"

一九四八级社会学系学生陈祥凤回忆："英语口语课由吴校长的秘书担任，上课时到校园里散步，一边看一边说，看到什么说什么。有时叫我到她的宿舍喝茶，面对面进行会话，使我们口语能力进步很快。"

一九五〇级的学生朱文曼回忆：金女大的英文课与她的中学老师"精读细讲"方法完全不同。"每次上课都留很长的阅读材料，给我们自己去读。开始一天四十页左右，然后一天七十页左右……第二天课堂上老师并不讲解，只提问，要学生讲。所以每天留的阅读材料不看不行，不看完也不行。对我们这种从内地来的学生压力很大。不过经这么一压，后来阅读英文的能力大大提高了。"

金女大最初几年的办学中，还没有形成有影响的科系。吴贻芳校长到任后非常注重建设，在实际教学过程中，逐渐形成了自己的特色。一些科系影响越来越大。如文科的社会学系、音乐系、外文系，理科的生物系、化学系、家政系和体育系等，出了人才，出了成绩，使得金女大声名远播，给社会留下了良好口碑。

金女大的上述业绩和特色，除宗旨和导向之外，与教学制度、教学管理、教学方法和师资是分不开的。一分辛苦一分收获，与他们的付出成正比，更是凝聚着这支队伍的奋斗精神和智慧。

金女大在教学方式方法上也有着自己的特色。他们以欧美同类大学为目标，借鉴其某些通行做法，严格规章制度，严控办学标准，在中西文化碰撞的教学中，摸索出了一套有效的做法，无疑做出了那个时代教育工作的模本意义，在教育里程碑上写下不可或缺的一笔，因而为后人所注目也不是偶然的。

吴贻芳作为金女大的领跑者，在总结其走过的四十年风雨历程中，着重谈了如下体会：

一、主修和辅修。金女大初创时期只分文、理两科，后来才有了主修和辅修系科。学生可以选一个主修系，一个辅修系。这个制度一直实行到一九三九年，才按当时教育部的要求，取消了辅修系，只留下一个主修系。

　　教育部这样做是缺乏远见的，明显不如"主、辅修制"。因为金女大学生毕业后大都到教育界谋职，那时别的选项不多，学校把教育学作为必须课，同时又将教育系作为辅修系，体现了金女大师范学院性质，具备了师范学院的条件。实行主、辅修制，未尝不是解决学生通与专的办法，既拓宽了学生知识面，又满足了社会发展的需要。

　　二、导师制。导师制是金女大一大特色，从一九一六年便开始实行。"每个学生可找一位教师当导师。一位导师可带八九个至十几个学生，用小组活动或其他方式帮助学生解决学习上、生活上及其他方面的问题。"一九三八年国民政府教育部要求各大学实行导师制，金女大将原先类似顾问制更名为导师制，而年级顾问仍然保留。导师必须是由"讲师以上专任女教员之住校者担任，导师制主要是"导"，而不在于"训"。吴贻芳早在一九三〇年就提出，师生间多一层接触，便多一层谅解；所施的教育，也多一分成绩。金女大的师生比例是 1：4.6，导师辅导学生起到了家庭化管理的效果。从新生入学直到毕业，每位同学都由她的主修课老师全面负责，导师帮助学生考虑主修与辅修的专业方向，平时训导主任及导师均住学生宿舍，三餐与学生同桌，学习与生活十分了解。吴贻芳这位校长也不例外，也曾担任过"级顾问"，熟悉学生家庭情况和兴趣爱好，指导她们的学习和生活。

　　三、学分制和弹性学制。金女大实行学分制，按照教育部课程标准，学生必须在四年里修完一百三十二个学分，才能申请学位。学分计算标准是：一、二年级时，每周上课一小时，加课外预备一小时，作一学分计；三、四年级时，每周上课一小时，加课外二小时，作一学分计；每周实验三小时，作一学分计。吴贻芳接任校长后，由于课程设备增多，二十年间每学期从三百学分增加到六百学分以上。

吴贻芳在《金陵女大四十年》一文中说：

> 三十年代有一段时间还执行积点制，就是说某门课程得六十分算及格，但得不到积点。积点的标准是根据各门课的学分多少和考试分数多少而定，学生毕业时除学分达到规定数目外，积点也必须达到要求。这个规定说明学校对学生成绩要求是较严格的。

学分制还允许经济有困难的学生离校工作一段时间，等挣了一些钱，再回校继续学业，直到修满学分。金陵女大收费较高，因经济原因辍学的不少。学校制定并推行这一宽松的规定，使许多家境贫困的学生得以完成学业。

此外，金女大在执行考试制度、考试评分制度、学籍管理制度及以女性为主的管理模式等方面，也有着严格的规定和要求。金女大办学所取得的成功，与校领导创新教学模式和管理密不可分，也给这些金女大学生平添一层神秘色彩。

第四章　抗战烽火

一　西迁前夜

一九三七年七月十五至八月十五日，国民政府在江西庐山召开各党派、各民主团体、各界名人"谈话会"，共商国是。会议分三期进行，到会者计二百余人。

国民政府行政院院长兼军事委员会委员长蒋介石在会上发表《抗战宣言》。"宣言"得到共产党人和全国人民的响应和支持。

七月十五日，金陵女子大学校长吴贻芳同北大、清华、南开等文化界人士，受邀齐聚庐山，参加了这次具有历史意义的大会。

作为当时"第一夫人"的宋美龄，成为全国抗战妇女界领袖，召集国民党要员的女眷等在南京开会，建立了"中国妇女慰劳自卫抗战将士总会"。此时吴贻芳也积极投身抗战，并担任该会的执行委员。

　　吴贻芳回到学校，在金女大成立了一个有五人参加的紧急委员会，成员有吴贻芳、明尼、魏特琳、程瑞芳、陈裴然，以应对可能发生的突然事件。八月二日晚，五个委员第一次集中开会，讨论了保护金女大的三项措施：一是将贵重仪器和设备包装好，储藏在学院大楼的地下室；二是购买一批灭火器材，以备急需；三是将学院的档案转移到上海，存放在租界里。

　　南京市政府首先布置的是，将一些人口向乡村转移和涂饰重要建筑物，将其漆成黑色或灰色。金女大几幢主要大楼是中国古典风格的建筑，且多为红艳之色。魏特琳认为校园独处一隅，离美国大使馆很近，不会有什么危险，吴贻芳此时"非常疲惫，这个夏天没有休息"，所以没有多说便同意了她的要求。

　　那时金女大正值暑期放假，学校人员不多，因为积极配合南京市防空演习，很快掌握了空袭警报、解除警报以及毒气和火灾等警报。

　　八月九日，日本军国主义分子为扩大对中国的侵略，在上海制造了"虹桥机场事件"。十三日，日机突然向上海闸北、江湾等地发起疯狂进攻，中国军队奋起抗击，"八·一三"淞沪抗战由此打响。

　　八月十六日，中央医院、气象台、教育部先后提出借校舍问题。吴贻芳召集有关人员开会，认为具备条件且同意他们来，但后来他们发现附近有高射炮阵地，于是没有来。

　　不久，日本飞机出现在南京上空，空袭由此便开始了。他们无数次在空袭警报声和结束警报声中进出地下室躲避。

　　后来得知日机轰炸的主要目标是军事设备、政府机关，以及电力和通讯部门。金女大距离这些目标较远，没有受到伤害，但惊恐、暑热、地下室蚊虫叮咬，滋味着实不太好受。南京市民为了躲避敌人轰炸，许多选择撤离了南京。

八月二十五日，魏特琳花了一个上午起草了一份金女大校园位置和建筑物数量的报告，送到美国大使馆帕克斯顿那里，这是美国人的财产，他会转交日本大使馆，希望以此受到保护并防止误袭。

晚七时，吴贻芳在科学楼大厅召集所有工人、学校卫队开会，她讲了日机来时到防空洞躲避的必要性和晚上警报响过不要用手电筒的重要性。因为也许有间谍为了钱，不惜用灯光向敌机发信号，指示轰炸目标。这也是空袭警报后不让使用手电筒的原因。

八月末，美国大使馆送来信件通知，要求美国在华男女公民撤离，并两次警告魏特琳，如果不走，以后发生任何事情他们概不负责。魏特琳在八月二十七日日记中写道：

> 我认为我不能走，因为我要是走了，正承受着巨大压力的吴（贻芳）博士除了要做她现在做的事情外，还将不得不承担应由我做的那份工作。我觉得我在金陵女子文理学院十八年的经历，以及与邻居十四年的交往经验，使我能够担负起一些责任。这也是我的使命，就像在危险之中，男人们不应弃船而去，女人也不应丢掉她们的孩子一样。

她在二十九日的日记中又写道：

> 吴博士的确是一位伟大而无畏的将军。我在想，当她应该离开的时候，她会走吗？金陵女子文理学院

需要她远远胜过其他任何人，但她却不这样看。在一
段时间里，她认为我们应该撤走。她在七月底表现出
的紧张和痛苦情绪，现在已经消失得无影无踪，她镇
定自如，甚至心情愉快地从事多种多样繁重的工作。
我认为她已为最坏的情况做好了准备：中国的这一地
区被彻底摧毁，然后西迁，一切再重新开始。

魏特琳怀着一颗虔诚的心，毫不动摇地留了下来。她对于
吴贻芳在国难当头的笃定、无畏和舍己为人的精神，无不心悦
诚服，既敬佩也感动。

开学的日子临近了，吴贻芳接到教育部的通知，再次推迟
开学的时间，并要求把所有的学生送走。八月三十日下午四时，
她先后召开了行政人员和教师会议，她做了转移的动员和演讲。
魏特琳在日记中这样记载：

　　只要学院需要，她将留在这里，但教师可以自由
撤离。她要求教师们就学院应在何处开学——河南、
湖北、广西、四川或是上海——提出自己的建议。

时间不长，又拉响了警报。学生和教师集中到中央楼的地
下室，吴贻芳又传达了教育部的通令。

第二天，吴贻芳去金陵大学参加会议，研究制定未来学校
计划，然而，在南京开学已无希望。接下来，吴贻芳和魏特琳
对于下一步开学问题进行了研究，并同魏特琳给武汉华中大学
（亦是教会学校）的"华春"写了一封信，提出金女大部分学
生在那里入学的设想，并组成临时委员会，成员包括张肖松、

陈品芝和伊娃，韩博士为顾问。金女大第一学期临时计划的思路就这样打开了。这个计划是根据学生的原籍，把高年级学生按照专业分开，一些人到武昌，一些人到上海，但教工和设备仍是一个问题。

九月二日上午，娄小姐第一个被派出，她带着这个计划到武昌。

下午，吴贻芳和魏特琳起草了几封信，给低年级、高年级、新生和二年级的学生，以及实验学校的教师们，告诉他们新学期的计划草案：即两个低年级班学生到他们所能找到的学校借读，但建议两个高年级班学生到为他们选择的某些中心去就读，学校将派出专业顾问去那里。

九月四日中午，吴贻芳和宋美龄共进午餐。吴贻芳是慰劳自卫抗战将士总会委员，她们在饭间谈了筹款和慰问士兵等事宜。

下午，吴贻芳派魏特琳到驻美使馆参赞佩克先生处，征求他对金女大选择的三个地方办学点的意见。佩克告诉魏特琳，美国务院来了指示，建议撤走所有的美国人。日本还会轰炸所有的机场、军事中心和通讯设备，中国没有一个安全的地方。最近日机又轰炸了武汉、长沙、厦门、福州和广州，轰炸还会持续下去。下周一使馆将用专车把人从武汉送到广州，然后回美国或转移到马尼拉。

晚上，吴贻芳在金女大图书馆中厅与富兰克林·侯会谈，告诉他金女大将在武汉、上海，也许还要在长沙建立分校。富兰克林·侯认为，中国目前除了西部外，没有真正安全的地方。他考虑将全家从重庆迁到成都。当夜，吴贻芳与秘书凯瑟琳在灯光下制定了三个选择性方案，并考虑了各自的优缺点。与富兰克林·侯的一席话，也许是吴贻芳增添成都这个分校的触发点。

南京城和金女大整天生活在日机轰炸和警报声里。

武昌、上海、湘潭不断传来消息，分校设置中有许多预想不到的困难。比如上海的三十五名学生的父母，大都不愿让自己的子女离开上海，法租界不愿设新的学校，怕增加租界生存危险；龙冠海的社会系二十八名学生已到武昌，那里缺少英语和中文教师，教会的房子需要改造成学生宿舍等；魏特琳建议刘恩兰和地理系最好不去湘潭，学生应集中在长江上游一处，不要分散成两处。

吴贻芳迅速作出调整：正在去往湘潭路上的刘恩兰和地理系到武昌停下，她设法再找房子。派陈中凡立刻带全家去武汉，以补中文教师之不足，英文教师也已聘到。吴贻芳亲自去了教育部，商谈了上海学生在圣约翰大学借读事宜。随后她又给代理校长孙先生写信，借读问题似有了着落。

吴贻芳再次编制应急预算，因为需要一笔紧急支出，用来购买电缆、新设分校开办费，还要顾及员工工资，其基数仅为原工资的百分之四十，正常上班者百分之六十；即使如此，学院还是出现了赤字。

九月十八日下午，吴贻芳一直参加"中国妇女慰劳自卫抗战将士总会"的会议，直到六时半才回到学校餐厅，样子十分疲惫。除了学校工作，救援会的一部分工作也落到她的肩上。今天她做了一次讲演，接着又到一个公共剧院帮助募捐，还有妇救会的工作。她对美国总统罗斯福宣布中日交战实施《口立法》和美国五个和平组织的态度深感失望，她认为这并不是和平主义，而是民族利己主义。这无疑是日本政府所希望的，因为这将使中国得不到军需物资，而日本却能自己生产。对此魏特琳等人也有同感。

九月二十二日下午，吴贻芳和她的秘书凯瑟琳写完了给上海地区五十名学生的信，魏特琳写完了吴贻芳校长致全体教工的信（这其中涉及本学期教师基本工资情况），以实现金女大与圣约翰大学、上海大学的合作计划。

九月二十三日中午，吴贻芳应邀去了蒋夫人宋美龄的家，并同蒋介石、宋美龄共进午餐。他们讨论了怎样使中国的朋友知道日本轰炸中国首都的消息。

九月二十六日是星期天，吴贻芳参加了中国和西方基督徒领导人会，她是会议的主席，在引导议论方面很有办法。会议讨论了两个问题：一、南京基督教会为难民需求、轰炸中受伤的平民做了些什么？二、为了让西方国家了解日本军事侵略、中国遭受苦难的情况，教会能做些什么？会议从二时半开到五时。为解决这些问题，先成立一个临时委员会来制定计划，打算在下个周日再成立正式机构。

下午五时，罗伯特·威尔逊医生带吴贻芳等人到中央医院，查看了昨天中午遭日机轰炸的情况。不久，宋美龄也来到医院查看所发生的事情，并让记者为她拍了照。医生和护士介绍说，树下和汽车里有五人被炸死炸伤。

九月二十九日，吴贻芳收到上海圣约翰大学来信，告之他们与金女大于十月十五、十六日注册，十八日开学。

吴贻芳每天都要面临诸多的问题，接下来她要答复要求使用金女大校舍的各种机构。她希望将校舍用来救济普通百姓，而不是让政府机构使用。

这段时间，吴贻芳还收到宋美龄的来信，信中写道："我们正在同日本进行一场殊死的战斗，那任务使我的每根神经都很紧张，而且占据了我的所有时间。"宋美龄为抗战忙碌着，吴贻芳也是不能停歇，她们身兼重任，完成着自己的使命。

吴贻芳的秘书凯瑟琳经过充分准备，决定十月四日乘英国轮船去汉口。头天下午二时，四名花匠、总务处长助理送她上船。他们在一辆大卡车上装了四十件行李，其中有几箱子书。他们借了一艘小艇，向上游航行了十多英里，才来到英国"贾丁号"趸船，但得知到星期三才开船，他们便去了"巴特菲尔德号"趸船，那里明天就有航船。由于水流湍急，小艇试了四次才靠上去，四名男子前拉后推，才帮助凯瑟琳上了趸船。然后用绳子将四十件行李费了九牛二虎之力才吊上去。

八月以来，凯瑟琳为争取和同事们留在金女大一直在进行抗争，尽管大使馆不断警告，她还是留了下来。她认为人们应该服从上帝，而不是服从个人和政府。一段时间以来，连吴贻芳都认为她应该撤离，但她温柔又坚决地坚持自己的主张。现在她去武汉，是为尽自己的责任和先期到达那里的音乐系的学生。大家都觉得，凯瑟琳一走，她担负的管理工作就会落到吴贻芳肩上。

十月三十日，是金女大"创始者节"，即校庆纪念日。双十节刚过，吴贻芳便给上海和武汉分校写信，建议两地师生以适当形式纪念。她又经滁州基督教会给那位年轻牧师写信，问他能否让教会妇女为伤员做二百件棉袄，二百条围巾；全国妇救会可提供资金购买布料，但要求妇女们贡献她们的劳动力。吴贻芳就这样一直操劳着。

树叶的沙沙声告诉吴贻芳秋天已经来临。上午相当寒冷，吴贻芳又参加了四个小时会议，在全国妇女组织执委会上，她又当会议主席来主持会议。下午警报又起，解除后吴贻芳口授了几封信，魏特琳把它们记下来，一直写到黄昏，以便能赶上邮船。

十月二十一日，吴贻芳正忙着校庆纪念准备活动。由于消减了经费，她建议不再会餐了。中午又响起了警报，敌机轰炸了位于东南方的军用机场，马市长告诉她，有三十九枚炸弹落在机场上，但没有飞机和人员伤亡，这就是防空洞的价值，但附近的办公室受到严重损坏。

二十六日上午，吴贻芳参加全国妇女战争救协会议。南京的《中国日报》报道，上海地区发生了激烈战斗，有十万中国士兵伤亡，中国军队被迫从一些地方撤退。现在要面对的问题是，这些伤员康复后如何识别其身份，使其重返部队？过去老传统是：一旦某个人受伤，他就可以不再当兵了。但这显然不适合抗战的情势。

次日，吴贻芳又参加会议，仍是讨论战争的救济问题，特别是委员会如何才能得到救济品，并顺利送到伤员手中。

在全国妇协的动员下，两卡车货物送到金女大的草坪上。这是香港妇女寄来的慰问品，有医药、衣服、手电筒等。香港妇女还为战争募集到一万八千美元。吴贻芳安排人力把这些物品分成小包，然后设法送到前线战士手中。

不久，坏消息传来，中国军队开始溃退，确切地说是撤离了上海地区。人们看到战争的惨烈显露出恐怖和沮丧的神情，吃饭时也默默无语。

十月二十九日，秋雨连绵，白天黑夜都在下雨。日机虽没有出现，但中国军队溃退的消息连篇累牍，人们心头罩上玥沉的乌云，对于生命和财产的破坏感到割心的疼痛。

十月三十日是金女大校庆纪念日。即使在战云密布的情况下，金女大仍然采取一种特殊方式来纪念这个日子。昨天，吴贻芳和魏特琳一起起草了一份给各地分校及校友会的电报，电文是：

> 我们民族的抗战向金陵女子文理学院全体人员提出了挑战，要求她们积极地追求丰富的生活，无私地奉献自己的一切。

之后，吴贻芳对昨天的电报不太满意，于是又向各分校发出另一份电报：

> 愿金陵女子文理学院全体成员通过不懈地自我修炼，无私地承担起民族的危难，使自己无愧于学院的创建和金陵女子文理学院的理想。

在战争情况下，吴贻芳把人格修炼和民族危难结合在一起，提升了金女大与全体师生的社会担当和国家使命感。

这一天，金女大本部进行了简朴但很充实的庆祝活动。吴贻芳首先作了发言，她的讲话题目是《面对当前危机的金陵女子文理学院》。

十一月六日，吴贻芳又参加了全国妇女组织执行委员会会议。香港为伤员运来了几十箱物品，金女大正忙着为伤员制作被褥，他们试图将衣物通过不同渠道送到山东前线。

十二日，南京上空下着雨，吴贻芳觉得今天也许没有空袭。她这几天忙着为妇女协会到多家劝购"自由债券"，这个队伍有七十来人，大约认购五千美元。

外面传来上海失陷的消息，日军正向南京发动进攻。交通部正在征用船只，部分工作人员已撤出南京。

南京来了五万名士兵，他们没有住处，去了卫理公会教堂和南京农业学校。金陵大学开了三小时的会议，已决定迁往成都。吴贻芳听到这些消息，感到非常沮丧和苦恼。她对董事会决定把学校的东西留在南京，仅靠运气来度过这场浩劫而感到担忧。

魏特琳在日记中写道：在非正式宣传委员会上，正式提出成立"安全区"的计划，还成立了一个国际委员会，委员会成员将同南京市长会面。美国大使馆愿意帮助他们与日本当局取得联系。如果"安全区"能够顺利成立，还有大量的组织工作要做。

魏特琳感到了暮秋的悲凉，对于南京人来说，这座美丽又熟悉的古城，此时已成为被世界遗弃的败絮。作为西方人万里迢迢为中国人传递上帝的福音，而今已走到了尽头，一阵孤独和悲凉的滋味不由自主地涌上心头：

> 忧郁的日子来了，
> 是一年中最凄楚的。
> 树叶凋零北风号，
> 草地变黄人亦凉。

魏特琳一九一二年来到中国，由芜湖、安庆再到南京，那时她正青春年华。不久前吴贻芳刚为她过完五十一岁生日，她将半生岁月献给了上帝，献给了中国。她终生未婚，少年失恃，父亲操劳一生，死时她也未能赶上父亲的葬礼。战争来临，她本可回到故土美国去。然而她觉得那样对不起在金女大十八年的经历，对不起十四年与邻里的情愫，她认为，留下来是一种责任，也是一种使命。"就像在危险之中，男人们不应弃船而去，女人也不应该丢弃她们的孩子。"明妮·魏特琳不是诗人，为了排遣心中的无奈和焦躁，她只好把自己交给那一团不懂人意的萧瑟秋风了。

同样，战争伤害也折磨着吴贻芳的心。

她与魏特琳在南山公寓进行着长时间的谈话。她们俩组成一个紧急委员会，这个委员会的任务是留在南京，在危险的时候来为邻里们服务，尽可能保护好金女大的财产。吴贻芳正在考虑整个金女大的运转，她需要尽快明确下一步如何行动。

她们讨论了南京权力易手时，如何保护金陵女子文理学院的有关事宜。她们设想在学院门口挂一面美国国旗，请大使馆准备印章，贴在学校物品上，说明这是美利坚帝国的财产，企图用非军事手段来保护自己。

她们还给大使馆写了一封信，提出三条可供他们选择的意见，一、是否将有价值的仪器运出南京；二、让所有的东西保持原样，什么也不做；三、将物品储存在地下室。

大使馆同意第三条意见，但又说没有人能够预见哪种是最佳方案。她们还给纽约写了一封重要的信，经汉口至香港邮政汇达。

　　林森当时是国民政府主席，他一到重庆，社会上就传出南京已不再是首都。吴贻芳紧急主持召开了第一次紧急委员会会议。他们得出结论，大家必须为四个阶段或四种情况做好准备：一、战斗阶段；二、中国军队撤退；三、不法分子可能利用这一机会作案；四、日本军队进城。

　　这个委员会由魏特琳主持，委员是吴贻芳、闵先生、E·C·陈先生、F·陈、程瑞芳和陈斐然七人组成，再加上其他参与人员，总共有三十多人。

　　这一天晚上，魏特琳通过吴贻芳的介绍参加了在张群（时任国民党政治委员会秘书长兼外交专门委员会主任委员）公馆举行的执行会。张群邀请了所有在南京的外国人、南京市马市长、卫戍司令唐生智，警察局长王固磐等。

　　张群在讲话中保证，将采取一切必要措施，来保护外国人生命和财产的安全。他还有一个想法，就是每晚八时半到九时半，南京市政府、卫戍司令部和警察局三个机关的代表，在国际俱乐部同愿意来的人交流情况，并且已开始实施。来的人有各大使馆代表、外国商业机构代表、传教士和一些记者，金女大吴贻芳和魏特琳是这群来人中仅有的女性。

　　从这一天起，金女大员工在科学楼开始包装科学仪器、图书资料等，校园里一片繁忙。

　　吴贻芳、魏特琳和程瑞芳讨论了留在学校的钱的问题，因为南京银行已不存在。她们决定，先把教师、工人十一月和十二月工薪付掉，保险柜里只存一万美元。

　　在这同时，吴贻芳亦开始收拾档案，挑选应该带走的材料。魏特琳和F·陈去确定新旗杆的位置，又去寻找注册前曾经使用的"大美国金陵女子大学"那块旧牌子，找了半天才找着，结果上面被涂了一层红色油漆，于是又用白底黑字重写，以便日本人进城后对金女大有所顾忌。吴贻芳望着新油漆的牌子说："这真是一个悲喜剧"。

城里已弥漫着一种紧张气氛。董显光敦促吴贻芳今天就走，但她说不能走。她安排大王（以前是语言学校教师）一家人搬到金女大东院来住。孤儿院的二十名孤儿也搬到学校来住。蒋夫人宋美龄的钢琴和手摇留声机也送给了金女大。看样子她很快要撤离南京。

十一月二十九日，吴贻芳参加并主持了最后一次紧急委员会会议，就保险柜的门锁不锁、如何处理重要文件、训练工人担任警卫、如何保证魏特琳的安全等问题，做了进一步安排。

又过一天，国际委员会主席拉贝就在记者执行会上宣布了"安全区"的位置。

它的范围从上海路的十字路口，延伸到汉中路和中山路的交叉路口，从金女大西面的街道到中山路，包括了美国大使馆、意大利大使馆、金陵大学和金陵女子文理学院。虽然日本军事当局还没有同意，但安全区的计划正在执行。国际委员会将管理财政、住房、食品和卫生工作，马市长说市政府给提供十万美元的资金和大量的大米。

吴贻芳原定十二月二日离开南京，由于那艘船要到下关去装船（大约有一千箱艺术珍品），她只得延迟一天上船。与她作伴的还有金陵大学的埃尔茜·普里斯特。头天傍晚，她便来到金女大住下。

第二日一大早，他们就赶往下关码头，吴贻芳和埃尔茜·普里斯特刚登上英国怡和号的船上才知道，金陵大学校长陈裕光和校董杭立武同船离开。魏特琳到江边码头送行。船离开码头不久，她的湖蓝色眼睛流着泪，向吴贻芳招手。寒风吹起她那件棉袍的下摆，不停地在下边飘动。

让她们想不到的是，警报声突然刺耳地响起。几架日机飞临长江上空，顿时火光冲天，枪炮声大作，岸上的人群四散奔逃，一场空袭开始了。

吴贻芳与魏特琳泪洒江岸的告别，也是两位崇高女性的最后一次见面。

二　驻足华西坝

吴贻芳和埃尔茜·普里斯特刚刚登上英商怡和公司的轮船，防空警报就响了起来。

她呐喊着让魏特琳赶快疏散隐蔽，而自己所在的轮船也快速起动驶向停在江中的英国军舰，这才躲过日机空袭一劫。她忐忑不安地走进船舱，找到自己的坐位，心久久不能平复。船过芜湖，惊心动魄的一幕仿佛又映现在面前，她在日记里写道：

> 我目睹帝国主义在中国土地上的横行，而江边的老百姓却连最简单的掩体也没有，只能束手待毙。同胞们的流血死亡，我不但帮不了他们，反而坐在外国人的轮船上，是何等的屈辱啊，这实在是我一生中最痛苦的经历。

她掩卷之余，无法想象学校接下来的日子将如何度过。

舰船逆水而行，江南隆冬给大地蒙上一片萧瑟的景象，稻谷已经收割，剩下的谷草横七竖八躺在田野里；只有棉花雪一样地白着，青菜油油地绿着，一行大雁惊恐地叫着飞过头顶。

她想到船将抵达的目的地武昌，那里的华中大学，聚集着金女大分校三十五名学生，以及先后到达的张肖松、陈品芝、龙冠海、刘恩兰、陈中凡和苏德兰等教师。

座落在武昌城东北角昙华林大街的华中大学，吴贻芳一点都不陌生，那里是教职人员的聚所，有现代式的邮局、教堂和学校，距她祖父原来的寓所不远，儿时是她和哥姐常去玩耍的地方。当年她对教堂的牧师、修女还有着稀奇的新鲜感，不知祈祷、布道为何物，如今她也成为信徒中的一员。

华中大学也是一所教会学校，早年由美国圣公会创办，原名中文华书院，首任校长是詹姆斯·杰克逊。二十世纪后又增建了教学楼、文华公书林（图书馆）、翟雅各健身所、多玛室、博约室和颜母室等建筑。早期建筑的圣诞堂至今保存完好，其后更名为华中大学。一九二七年注册为私立华中大学，校长是中国人韦卓民，但教会性质没有变。

吴贻芳虽与蒋、宋有共同的基督信仰，但并无从政的愿望。她外柔内静，以诚为本，保持着一份独有的信念。尽管一九三四年蒋介石发起"新生活运动"，自任促进会会长，宋美龄担任妇女指导委员会指导长，吴贻芳出任副指导长，但那是她没办法的事。抗战爆发后，她的"教育救国"与抗日"救国"一致起来，因之后来受邀加入了"救死扶伤"的行列，并担任了一些虚职，也算是尽了自己一份"救国"的义务和责任。几个月下来，弄得她精疲力竭，那真不是一件好担当的差事。如今城破兵败，到了武汉恐怕也不是一个久留之地。她思之良久，干脆退到成都，专心致志去搞她的教育。

走水路本不费什么力气，然而上水行船也不是那么容易。船一路过芜湖、铜陵、安庆、九江、鄂州，途经三省之地，终于到了汉口码头，接站的师生早已等候在那里。吴贻芳来到华中大学立足未稳，便召开了先期到达的教师会议，商定了再迁成都之事。大家一口同声赞成她的设想。于是吴贻芳拜会了华大校长韦卓民，说出她的想法并感谢韦校长的支持。适逢年末，韦校长也劝吴贻芳不要过于着急，年前可稍事休息，华大校工可帮助打点行李，过完年再去成都。

吴贻芳接受了韦卓民校长的意见，按此计划去作准备。

武昌是吴贻芳的出生之地，也是她伤心之地。如今已过去二十八年，中间经历了武昌举义和北伐战争，原先那古老的城墙早已拆除，她住过的"寓舍"早已不复存在，儿时的邻居和同伴也不知了去向。

一九三八年一月，吴贻芳带着她的师生，从武汉买棹西上，继续走水路奔赴成都华西协合大学。

一九三七年抗战爆发，当时金女大物理系主任黎富思正在成都休假，吴贻芳索性让她不用再回南京，在那里与华西协合大学合作，就地开展工作，建立金女大第三个中心分校，那里的三名学生也由她负责。

华西协合大学也是一座教会学校，与金女大、燕京、齐鲁、圣约翰、东吴、之江、华中、福建协和、华南女子文理、沪江等大学，同属一个教会系统，相互之间也比较容易沟通。华西协合大学建于一九〇五年，是英、美、加三国的五个基督教会

共同创办的高等学府。它位于成都市南郊，这里土地平旷，北
傍锦江水畔，风景优美清雅。南宋时大诗人陆游从青羊宫到浣
花溪策马而过，留下了《城南王氏庄寻梅》《蜀苑赏梅》等诗
作，在《城南寻梅》中他吟道：

> 黯淡江天雪欲飞，竹篱数掩傍苔矶。
> 清愁满眼无人说，折得梅花作伴归。

陆游抗金之志难以实现，只得把满眼"清愁"用于寻梅折枝
上，以消解心中块垒。此时，吴贻芳的心情和那时的陆游没什么
两样。

华西大校址的建设，经过招标，最终，英国建筑大师费列
特·荣杜易拿到头筹，精心设计了这所大学建筑。青砖，墨瓦，
气势豪迈的歇山式大屋顶，屋宇布局对称，花卉鸟兽饰物，一
幅如风景画似的庙堂风格，连中国的大建筑师也点头称是。二
十世纪八十年代英国首相希思访华，专程到成都参访费列特·
荣杜易的心血之作。原来费氏设计完这座建筑，再也没有踏上
过中国这片土地；希思来访，是受其后人之托，专程为费氏之
孙来看望祖父设计的建筑是否还留存于世。希思首相没有辜负
他的朋友的重托，借机摄入了他的瞳仁和灵府之中。

吴贻芳到成都没过多久，就召开了金女大校务委员会。大
家认为，国际和国内形势短时间内不会有大的变化，而金女大
分几处办学，在人力、物力、财力、学习和管理上，无论在那
一方面，都有缺失，特别是学生教育很难做到统一，影响教学
质量。因而吴贻芳迅速做出决定，将分散的学生全部集中到成
都来办学。

三月二十八日，她登船去了上海。她在《金女大四十年》一文中写道：

金女大在上海和附近地区的学生较多，并且有相当数量的四年级学生。这时日军已侵占了上海四周郊区，市区虽有"租界"这块招牌，已是一个"孤岛"。沪江大学和圣约翰大学已不能在原校址上课。沪江大学用的是原沪江商学院的房子。圣约翰大学在建成后尚未开张的大陆商场租用几间房间。以后杭州之江大学和苏州东吴大学也迁来上海，租用大陆商场的房子上课。金女大在青年会全国协会借了几间房间。除蔡路德、克馥兰、陈黄丽明、朱谢文秋、胡惜苍等教师负责教授的课外，学生还在其他四所教会大学里选课。这些大学中只有圣约翰大学有一些实验设备和一个小图书馆。中国科学院当时在上海还有未能迁走的实验室，为了尽量使它们在遭日本帝国主义霸占之前为我国教育服务，他们接受这几所大学学生在那里做实验，并免费使用他们的设备和药品。

吴贻芳考虑到已有几所教会大学集中在上海，足够这一地区的需要，遂决定下达最终的决定，让上海的学生在下列三种方式中任选一种：一、随学校去成都上学；二、继续在上海借读；三、转到上海其他学校。

后来五名学生、六位教师随她去了成都；三十一人仍作为金女大学生在上海几所教会大学借读，直到毕业；其余的学生转到圣约翰大学。此时，金女大三四级学生共三十五人，其中在上海分校就读的有十七人。

初到成都，吴贻芳曾考虑到城郊找个地方办学，但是没有合适的地方，加之没有设备难以独立办学，这让吴贻芳很苦恼。课程若不按教育部规定执行，以后学生资质则不被政府承认。无奈之余，只好到华西坝与华西协合大学共同办学。

华西坝是外界对华西协合大学的简称。华西坝位于成都锦江之南，未开发之前是一片荒草、坟场和稻田低洼之地，清末才由英、美、加基督教会建成一座高等学府。

抗战爆发后，迁来的学校不是向华西大租借房舍，就是自己搭建校舍。金女大最先在华西大学女大院旁加拿大小学原址地皮上建了一幢临时教学楼，又先后在华西牛场的一角建了音乐系的琴房、小体育馆和教职工宿舍，并购置一部分教学设备，使教学得以继续进行。上述建房开支：一是四川省政府拨给一万五千元；二是教育部补贴五千元；剩下的资金是吴贻芳自筹的。

在国难当头之时，吴贻芳怀揣"筚路蓝缕，以启山林"之志，进行艰苦创业，校办公室只有一大一小两间陋室：大一点的十五平米，由秘书、训导、教务等四人使用；小一点的仅七平米，是吴贻芳的办公室，里面摆放桌椅、书架各一件。生活食宿与师生别无二致，他们同甘苦、共患难。那时候，四十五岁的吴贻芳由于操劳过度，日见消瘦，不少师生看在眼里，心里难过，却爱莫能助。

生物系教师胡秀英便是当年的见证人。许多年后已是留美博士、教育家的她，在《怀念校长》一文中写道：

　　我的母亲是个很虔诚的基督徒，不论冬夏雨晴，她必参加聚会，散后吴校长会扶着母亲的肩闲谈几句，这样她们就认识了。在华西坝，母亲和我住在华美区，开了后门就是锦江，因为日本一九三八年六月十一日黄昏轰炸坏了一所西人住宅，我们就把那家人的房子装修为一房一厅的住处……在这个空旷的场所，在抗战时期的文化区，我母亲过着种菜养鸡鸭捡白果的农村生活。母亲的鸡鸭猫都是她的伙伴。她最高兴当我工余饭后念几段《西游记》给她听。她把三只鸡，依其性格起了《西游记》人物的名称……她有两只北京鸭，三伏的热天，鸭子不能在水中，热死一只，剩下的一只，在灌丛中叫。母亲说："这只鸭子肥得很，热得难受，失了伴单调，还是减轻它的痛苦好。"我们讨论这只宝贝鸭子，应当怎样最得当的利用呢？母亲说："最好请吴校来吃。"我们约定了日期，吴校长下车穿过紫藤架，走进圆门，过了大树，在简陋的斗室，着实欣赏母亲自力更生的创作！母亲没有进学校受教育的机会，可是在苏北农村艰苦隔绝的生活中，她吸取了炎黄子孙和自然压力角斗以求生存的智慧技能，从无到有的创造毅力，以及黄河下游人民相敬互助的道德，天然对儿女晚辈大公无垠的爱心。在农村过节请子女的老师是理所当然的事。这次提议请我的校长，也是出于这个礼俗。校长平易近人，且能用母亲听懂的话语和她交谈，在这方面对我是很大的启发！吴校长一再的称赞感谢母亲，叫她高兴快乐，这一夕融和相处，消除了我此前敬而远之的心态，建立起亲爱精诚的关系。

这是一个大知识分子和一个农村普通妇女的交往，一夕相处，用上帝那种一粒芥子之爱，悄无声息地播撒在这对母女心中，是如此平凡，又如此伟大！

四川战时流亡人口众多，吴贻芳又怀着普爱之心，从成都附近招收了一批新生，人数陡增至五百多人，成为一个独立学院。主修课程（学分）分三类：一为公共必修科目，二为主系必修科目，三为主系选修科目。当时，在华西坝有华西、金陵、燕京及金女大五所大学，各校所开课程允许五大学生相互选读，各校承认学生所得学分。

据德本康夫人、蔡路德所著《金陵女子大学》一书中的记载，吴贻芳制定了一个重组金女大教师队伍的计划，尽最大可能将教师队伍稳定下来，想方设法改善学校条件，保证办学质量。对于不少困难的学生，吴贻芳想方设法给予帮助。她说：

> 从这个时期起，许多学生的家庭受战争影响，经济不如过去宽裕。金女大采取各种措施帮助经济困难的学生，让她们在课余或假期做些工作，如打字，管图书，收发信件，接电话，为体育课钢琴伴奏等，给予报酬；又设立奖学金，发救济物品或补助；学费也较前下降。

那年秋季开学推迟到十一月一日，吴贻芳又决定开展"新生月"活动。用一周时间听国内国际形势报告，她亲自为学生作了《今日的中国》和《今日的时局》两场演讲；用两周时间分组到成都及周边地区学校和农家考察；回来后再用一周时间讨论，并写出个人体验报告。"新生月"活动大大开阔了学生的视野，使他们懂得了社会和生活的百态，契合了书本和社会这两部大书的同一性。

在战云密布的中国，吴贻芳追赶着时间的脚步，在华西坝独具风骨地把学子的心稳定下来，再续生命弦歌和金女大辉煌。

她与她的团队在悲愤和艰苦的教学中，千方百计为国家造就人才！

三 "活菩萨"：明妮·魏特琳

吴贻芳离开金女大第十天，南京城就被日寇攻陷了。历史永远记下这个血腥的日子：一九三七年十二月十三日。

而此时的南京，出现了一位"活菩萨"，她救万民于水火之中，她就是金女大美籍教授明妮·魏特琳。郭歧在《陷都血泪录》一文中说：

> 黄小姐（即魏特琳）这个名字，在一切难民的口中像一位活菩萨一样，尤其是女同胞的救星。偌大的金陵女大住满数千女同胞，皆由她一个人管理保护，有条有理真是能干极了……她将女界同胞组织起来，一切皆有规定，一点也不乱。如厕所、厨房、井水、出入规则，都有详细规定，男人是不许进的。等到日本兵进城之后，她日夜坐在门房内，守卫态度十分严肃。进出入的人向她行礼，她也顾不得还礼。人数一天天的增加。她也不要人家向她客气，认为是自己应尽的责任。

这是日寇在南京大屠杀期间魏特琳留给人们的传奇形象，"活菩萨"的称誉便是由此而得。

中国知名女作家严歌苓便是根据魏特琳的日记，创作了长篇小说《金陵十三钗》，风靡一时。著名电影导演张艺谋根据小说内容编导了同名电影，放映后震动中外影坛。

南京城被攻破的那日下午四时，金女大校园里便出现日本兵。她在日记中写道：

> 下午四时，有人告诉我们，西南山头上有好几个日本兵。我去南山公寓察看，在我们的"西山"顶上果然站着几个日本兵。不久，另一名工人叫我，说有一个日本兵进了我们的家禽实验场，索要鸡和鸭。我立刻赶到那儿，我打手势告诉他，这里的鸡不是出售的，他很快就走了。

这是日本兵首次在金女大露面，被魏特琳对付走了。

实际上，日本人在南京城攻陷前的十二月九日，"校园里大约有三百名难民，一些人来自无锡，另一些人来自城外，还有一些来自附近。"十日上午，"难民继续拥来。旧的教室宿舍快住满了，中央大楼也开始住人。"十一日中午，"已达八百五十人，除此之外，还有三户人家住在东院，约一百二十人。"

十二日全天轰炸不断，傍晚一个国民党士兵告诉金女大守门人，"日军曾数次突破光华门，但都被赶了回去"，全天都有中国军队从安全区经过。在新闻发布会上，传出"卫戍司令唐生智已无法指挥自己的部队"的说法。

魏特琳说："今天下午五时，紫金山山顶有一条火带，下关也一样。今晚城里不会有多少人睡觉，但愿黑夜快点结束。"这便是城陷前的情况。

十六日魏特琳在日记中写道：

> 今夜我问菲奇情况怎样，他回答："今天简直是地狱，是我一生中经历的最黑暗的一天。"
>
> 上午十时，有两次日本兵抓住我们的工人，说他们是士兵，要把他们带走，但我说："他们不是士兵，是苦力。"他们得以逃脱被枪杀或是被刺死的命运……
>
> 中午刚过，一小股日本兵从原医务室边门进来，如果我不在的话，他们将会把唐的兄弟抓走。后来我们沿路而上，（日本兵）要求从洗衣房的门进来，我也及时赶到了。如果日本人怀疑哪个人，那么其命运将与在他们身后被捆着的四个中国人一样。日本人把那四个人带到西山，我听到那儿响起了枪声。
>
> 昨天，三十名女学生在语言学校被抓走。今天我听到了数十起有关昨夜被抓走女孩子悲惨遭遇，其中一位女孩仅十二岁。今晚，一辆载有八十一名女子的车从我们这儿经过。当车开过时，她们高喊："救命！救命！"
>
> 科学楼管理员蒋师傅的儿子今天早晨被抓走了，还有一个姓魏的也至今未归。

十二月十七日，也是历史上重要的时间节点，日军为迎接他们的司令官松井石根举行"南京入城式"，大肆扫荡国民党部队残部。下午两点半，典礼在国民政府大楼院内举行。先奏响日本国歌《君之代》，接着升那个太阳旗。司令官松井石根得意忘形地带头三呼"天皇陛下万岁"。他们把攻占中国首府南京，视为"永垂青史的壮举"。

在那段时间里，日军大肆烧杀奸淫被俘中国军民。一九四七年三月十日，国民政府军事法庭在《谷寿夫战犯案判决书》判定书公布的杀人数字令人触目惊心：

> 计于中华门外花神庙、宝塔桥、石观音、下关草鞋峡等处，我被俘军民遭日军用机枪集体射杀并焚尸灭迹者，有单耀亭等十九万余人。此外零星屠杀，其尸体经慈善机关收埋者十五万余具。被害总数达三十万人以上。

屠杀大都发生在日军进城前后一个月内。因文章篇幅所限，难以细数日军杀人手段和惨状，日后皆有当时日军官兵和中国受害人指证。这里叙述的主要是魏特琳在金女大亲身经历和耳闻目睹的事实。

十二月十七日以后，日军强奸事件明显增多。

究其原因是，这天下午城里日军都分到了"入城式"的庆功酒，各师团联队士兵喝了酒以后，开始借酒发疯施暴，许多日本兵开始强奸妇女。

据资料证明，发生在城内的强奸案、轮奸案有八万起之多，许多妇女被奸淫后又遭杀害，有的被蹂躏致死，有的因拒奸被杀害。

十二月十七日是魏特琳最难忘的一天。魏特琳写道：

> 从校门口一妇女得知，昨夜过了一个恐怖之夜。日

本兵不断光顾她们的家，从十二岁的少女到六十岁的老妪都被强奸。丈夫们被迫离开卧室，一怀孕的妻子被刺刀剖腹。要是有良知的日本人知道这些事实就好了。

吃晚饭时一个男孩跑来告诉她，校园里有许多日本兵正向宿舍走去。他们以搜索中国士兵为名，抓学校的花匠、陈先生、夏先生和一些工人，日本兵强迫他们站成一排搜身，把大批男性帮工带走。事后大家才发现这是日本兵的阴谋：把负责人困在前门，由几名士兵假装搜捕中国士兵，而其他士兵则在大楼里挑选妇女。中文秘书"大王"说，东院有两名妇女被抓走。

第二天，魏特琳和"大王"到美国大使馆寻求帮助，派人一起到日本大使馆，通过田中副领事找两名日本宪兵夜里为金陵女大站岗，以防日本兵来骚扰。田中同意了他们的要求。后来根据金女大要求，日本方于每晚加派二十五名宪兵到学园站岗。此时城里和学校情况都有好转。

因学校难民猛增，已有万人之多，魏特琳等几个人管理不过来，疲劳至极。她与安全区国际委员会主席拉贝联系，将四百名女难民转移到安全区收容所里。在魏特琳亲自率领下，穿过全城，将难民安全送达。此事令拉贝也很感动，还把这件事写到了他的日记里。

然而，日军的杀戮仍在进行。魏特琳日记里写道：

日本使馆向拉贝提出把电厂修好，以便恢复供电。拉贝先生找了五十名顾员，把他们带到电厂。当天下午，他们中有四十三名被日本兵枪杀，理由是他们过去是政府雇员。

　　　　住在金女大东院的邻居孙说，昨晚有六十至一百
　　人，被日本兵用卡车运到金陵寺山谷里用机枪打死，
　　然后把尸体拖到一个房子里烧掉，大多数是年轻人。

　　在这期间，日本一个师团高级军事顾问找到金女大，要求从一万名难民中挑选出一百名妓女，这些日本兵就不会再骚扰良家妇女了。过了很长时间，他们终于找到了二十一人。许多姑娘十分担心那七十九名差额会摊到她们头上。

　　一九三七年十二月二十三日，在日本占领军、特务机关和驻华领事的策划下，成立了伪"南京市自治委员会"，陶锡三为会长，孙淑荣、程郎波为副会长。顾问是张南悟、许传音、王承典、陶觉三、詹荣光；日本人是田中、松岗、佐藤、小岛、丸山进、渡部、鹈泽等。秘书长是王仲调。主要职责是办理日军交办的事项。如掩埋尸体、清理街道、动员难民返家、人口登记、恢复城市秩序等。这个自治委员会从成立起，便内讧不断，矛盾重重，仅存在三个多月，随着伪"中华民国维新政府"和伪"督办南京市政公署"的先后成立而即行撤销。日本占领军当局规定，尽快解散安全区，把国际委员会的权力交给自治委员会。同时还规定，交接最后期限为明年的二月四日，超过时限，日军将强行驱赶。

　　十二月二十八日，难民开始进入登记阶段。

　　金女大是安全区的第五区，从这天的早上八点就已经开始。登记先从男性开始，三十日下午才开始女性登记。登记大约进行了十天。有人认为，登记过了，人就会安全，但事实并非如此。

　　一九三八年一月五日，魏特琳日记写道：

今天米尔斯带来一位户部街五十六岁的妇女，昨晚被强奸。今晚她在校门口碰到一个男子要给女儿送些吃的东西，他说现在只有这个女儿了。三天前的晚上，妻子在安全区因反抗日本兵时，被刺刀穿透了心脏，小孩也被扔出窗外。

自从吴贻芳离开金女大后，武汉又遭到日机轰炸，魏特琳非常惦念吴贻芳的安全。直至去年（一九三七年）十二月十五日，她才通过上海给金女大董事会和吴贻芳写了信：

你们也许想知道我们是如何供应这么多人吃饭的。南京沦陷那天，红十字会在我们校园北部开了一个粥厂，每天向我们这个大家庭供应两顿米饭。数周以来，他们把蒸好的米饭送到校园广场两个不同的地方。我们已定好了供餐标准，并竭力教育妇女不要拥挤，按顺序轮流，但这对他们来说是很难学会的一课。最近，供餐改在粥厂，比原来好多了，因为粥厂给妇女和姑娘每日两餐，并能随时让她们吃到热的米饭。如果她能付得起钱，一碗饭交三个铜钱，如果她们确实没钱而且经过核实，就发给她们一个红色标牌，可以免费就餐。许多难民营没有像我们这么幸运，有一个管理完善而且近在身边的粥厂。关于开水，我们很早就让两个男人把大开水炉搬进校园——他们很乐意这么做，这意味着他们得到人身保护——因此，这儿的妇女整天都有开水喝。

这是魏特琳在难民危机情况下最好的选择与创造。

不久，魏特琳从英国使馆接到吴贻芳二十日寄自汉口的来信。她在日记中激动地写道：

> 刚吃完晚饭，便围坐在起居室的圆桌旁，把信读了一遍又一遍。得知金陵女子文理学院上海分校正不断发展，这真是太好了！已来了四位新老师，估计还有更多的人会来。看了吴博士和鲁丝的来信，我们多么希望讨论一下金陵女子文理学院的远景和规划啊！

收到信的魏特琳和留守人员，兴奋得溢于言表，那是置身事外的人所难以理解的。

一月十三日，日军进城已满一月，大屠杀的形势有了一些好转。然而校园难民人数仍没有减下来，筹粮、健康、卫生成了面临的难题。他们由于没有工具，分配来的二十八袋大米只好靠人力车去运。

埃尔茜当天发来电报，说吴贻芳已转到成都。

抢劫案和纵火案不断发生，数目惊人的脏物在市场上出现，那些社会渣滓赶上了"好时光"。魏特琳发现，一名日本宪兵和一名日本士兵在外国人的住宅里抢劫。

这两天，校园里异常繁忙，妇女们洗涤的衣服，晾满了所有林木和灌木丛。有些人白天回家，晚上再回到校园。城里每天都有大火，但没有以前那么多了。宁海路、汉口路，特别是上海路成了熙熙攘攘的市场，马路两旁摆满各色物品。鱼卖到零点四元一磅，白菜零点一元，胡萝卜零点三零元等。

　　日本统治者在安全区外面张贴了大幅招贴画，敦促人们返回自己家里。金女大仍有五六千难民待在校园里。

　　魏特琳去日本大使馆见代理大使日高，针对难民中七百三十八名尚未回归的丈夫、儿子和父亲，请求大使协助查找。她还和秘书大王到南京模范监狱了解情况，那里大约关着三千人，其中有一千人是平民百姓。她数次找有关人员如拉贝、自治会的许传音等，希图使那些平民百姓获得释放。

　　拉贝就要离开南京了。魏特琳和玛丽为他举行了告别茶会，把储藏室里仅存的食物拿出来招待。在拉贝先生离开时，有三千名妇女在草坪上跪下来，哭泣着请求拉贝留下来。他讲了几句安慰的话，然后由玛丽陪同离开。

　　天气暖和起来。春苗出土，有燕子归来。

　　魏特琳和王小姐一起为难民举办了圣经班，参加学习人数十个班超过一千人。另外还有十二个班是为初级文化水平和未受过教育的人而开设的。

　　圣经班以学习《耶稣传》为主要课程，还学习一些宗教歌曲，如《赞美上帝》《上帝与我们同在》等。这个为期六周的学习结束后，许多难民不愿离开拯救过她们生命的校园。

　　三月八日，魏特琳接到吴贻芳来信，得知她不久将离开成都，到上海与董事会协商金女大发展计划，结束圣约翰、沪江两校的校务。她给吴贻芳写了一封长达五页的回信，感慨中国现状，不知何处才是尽头。上海离南京虽然近在咫尺，但当时的情况，吴贻芳却不能回来。

　　后来魏特琳三次去南京模范监狱，希图搭救关在那里的平民百姓，但都没有成功。她又到海宁路五号去见自治会成员许传音博士，恳求他保释这些平民。许对此也感兴趣，答应她尽力而为。

新年过后不久，便开始进行掩埋死难者尸体的事宜，其具体数字不断传开。

魏特琳四月二日日记记载，德国使馆罗森报告说：红十字会自一月二十三日至三月十九日，在国家公园（今中山陵）就埋葬了三万二千一百零四具尸体，其中有三分之一是平民。

四月十五日红十字会总部又告诉她：从一月中旬至四月十四日，在城里埋葬了一千七百九十三具尸体，其中百分之八十是平民；在城外埋葬了三万九千五百具男人、女人和孩子的尸体，其中百分之二点五是平民。这些数字不包括下关和上新河地区，那里还有大批人丧生。

玛丽订阅的十二月份的《密勒氏评论报》四月中旬才到。有篇报道说："所有的中国军队在十二月十三日都有秩序地撤离了。"魏特琳则在日记中说："我们在这里的人都知道，有成千上万人根本没有出城，而是像老鼠似的被围困在这里，被赶到一起，然后遭到机枪射杀。"

金女大举办的圣经班结束后，他们又将举办为期五周的中、英读书班。这期间，魏特琳还发起为民请愿签字、接种疫苗和为难民争取国际救济委员的救济活动，这些事花去她大量体力和心力。

四月末，吴贻芳将离开上海去成都，魏特琳抓紧时间给她和中国西部同事写信，白天时间不够（有许多难民找上门来求助查找亲人下落），她只得晚上加班完成写信任务。五月二日，她在日记中写道："吴博士今晚一定很忙碌，明天她要出发，先乘船去香港，然后坐飞机去成都。

　　五月二十四日，日军和伪"南京市政公署"在宁海路五号，召开难民特别委员会会议，重新确定难民最低数目。据统计，六个难民所仍有七千零八十三人，会议要求必须帮助的人不要超过一千人，并明确宣布，在五月三十一日前必须关闭粥厂。

　　此时，金女大无家可归的女子还有六百七十二人，魏特琳与王小姐商量了很长时间，讨论难民营的关闭事宜。经过反复动员，最后走了约二百人，剩下的人以教学名义，继续留在学校。

　　六月二十日，德本康夫人回到南京。晚七时，魏特琳等二十一人在南山公寓参加了她的"圣诞晚会"，每个人得到一份有用的礼物，给孩子们的礼物是玩具。

　　六月二十三日，天下着大雨。魏特琳、李先生、罗小姐等人带着日本大使馆签发的通行证，乘救护车去火车站上车，去上海参加金女大分校毕业生典礼。车过镇江，水稻种植多了起来，田野一片碧绿。苏州使魏特琳最为伤心，铁路和城墙间建起许多日本人的木屋，这表明他们打算在此长期居住。车站上都是日本人，他们在兜售日本货。到上海，鲁丝和费络伦斯来接站，然而，她们在火车站受到野蛮对待，罗小姐被推来推去，她吓坏了。吃过晚饭后，她们住在莫里斯的家里。

　　第二天下午，魏特琳到麦克泰利尔体育馆，参加了金女大上海分院毕业生庆祝会，有十七名已经完成学分，六名尚有一些学分未完成。再次见到金女大的教师、学生和校友，她感到十分高兴。晚七时半，又在福州路一家餐馆由学生请教师们用餐。餐馆里很嘈杂，无法进行安然交谈。魏特琳心里说不清是喜是悲，记忆深处总是浮现出难民们悲惨的画面。

魏特琳的暑期是在上海会见朋友中度过的。马吉牧师和德国使馆的罗森博士坐加拿大"女皇号"离开上海回国。他们在苦难中结下了深厚友谊，如今就这样分手了。上海女子俱乐部执委会，为她今秋要开办的手工、家政学校开学提供了三千元赞助。假期旅行就这样不知不觉过去了。八月二十三日，魏特琳从上海北站上车，车厢大部分是日本兵占用，只留下两节给平民百姓。下午五时半车到南京，布雷迪医生前来接站，离开站台时，车站为她强行喷了她不喜欢的抗菌剂。

回到学校，魏特琳又是一番忙碌，首先是制定教学计划，聘请部分教师，接下来面试、考试入学学生，为手工、家政科注册，订购织布机（八台）、织袜机（四台）和纺线等。

九月二十日，经过多方努力，手工、家政班开幕式在科学楼举行，九十五名妇女和二十八名小孩参加了开幕式。由教师林弥励主持，魏特琳用中文做了简短致辞，介绍了教师成员。仪式结束后，这批特殊学生被安排到七百号楼去住。

九月二十七日，魏特琳组织的实验中学也正式开学，上午在南画室举行了简短的开幕式，共招收学生一百二十人。到十月上旬增至一百四十三人，生源来自原国民政府学校学生七十一人；私立学校学生十八名；原基督教学校五十四名。分初中三个班，高中三个班。后来学生总数增加到一百七十八人。

一九三九年二月二日，魏特琳到美国使馆申请去上海的通行证，同时领取了重庆国民政府颁发给她的"采玉勋章。"

在上海，她把在学校待了十四个月的五个盲童安排在国济救委会的盲人学校，同时把三箱化学教学仪器和两箱乐器，以及通过圣约翰大学 C·Y·程教授订购的药品，一起运往成都金陵女子文理学院。回南京前，她参观了上海的工厂，又买了三个纺缍的纺车和织袜子用的线，还为手工家政学校买了毛线。因要办的事太多，连自己要配的双光眼镜都忘记了。

在两年来的办学中，魏特琳为延聘师资，筹备经费，救济贫困学生，保持收支平衡，支援成都教学，倾注了大量心血。她还经历了无数次日本兵的骚扰。日伪政权成立，她还要面对周围百姓因失去亲人的求助。她无时不在关注着南京及中国战场的变化。中国军队仗打胜了，她为之高兴；仗打败了，她为之痛苦。她对汉奸政权嗤之以鼻，直呼"傀儡"，对日本兵的烧杀抢掠，奸淫妇女，更是嫉恶如仇，愤恨之极。尤其对日本兵破城后屠杀南京人民，她终生难忘。她多次在日记中写到"十二月十三日"这血腥的一天。可以说正是日本侵略者的种种暴行，强烈地刺激了她的神经，加之学校教务繁重，她最终病倒了。

一九四〇年三月，魏特琳开始出现幻觉，吃饭和睡觉都出现了问题。她觉得这个春天如冬天一样寒冷和漫长。许多往事又在她面前浮现：

她仿佛又奔跑在伊利诺州西科尔镇那条唯一的小街上，不停呼唤着下地耕作的妈妈；

她仿佛又回到安徽合肥三育中学，许多学生呼唤着"华群老师"这个中国名字，然后像鸟雀一样向她围拢过来；

忽然她被十三年（1927）前那个夜晚的枪炮声惊醒，匆忙从南京这座大城撤出，惊恐之状令她战栗，"大城"里一个外国人也没有了；

三年前，日本人的飞机又轰炸了这座城市，她仿佛又听到了警报声响起，防空洞那潮湿的气味又浸满了她的全身，令她挥之不去。

……

此时金女大教工之间也出现了矛盾，为些小事闹得无法合作。魏特琳做了许多弥合矛盾的事往往不被理解；就连德本康夫人对她的工作也不满意，认为有些工作应该几年前完成而推迟到今天，把事情都耽搁了。魏特琳为此大伤脑筋，与德本康夫人吵了几次架；她感到自己已筋疲力尽了，希望能马上去休假。对此她总觉得自己是一个失败的人，已感心灰意冷。

她得的是一种危重并难以治愈的精神抑郁症。

魏特琳生病之后，程瑞芳、舒茨小姐和德本康夫人等轮流来照顾她，并请医生为她诊治，然而病情非但没有好转，反而更加严重起来。德本康夫人给金女大在美国的董事会写信，希望魏特琳回美国治疗。得信后很快做出安排，决定将魏特琳送到爱荷州市大学所属心理疗养院治疗。

五月十四日，德本康夫人派舒茨小姐赴上海，照顾魏特琳从那里乘船回美国。到爱荷华州市立大学所属心理疗养院，由著名心理学医生伍德先生为她治疗。

经过一个月的治疗，魏特琳的病情没有多大进展。后来伍德医生便采用梅特拉左尔痉挛治疗法为她医治，这次病情很快有了好转。为了使魏特琳迅速摆脱疾病困扰，又安排她去疗养院继续疗养。但事与愿违，魏特琳的病又出现反复。伍德医生只好又让她回到疗养院治疗。在病情有了好转之后，舒茨小姐把她接到自己在德克萨斯州家中休养。在舒茨小姐照顾下，魏特琳每天看看书，种种花，但她时刻不忘金女大，希望病愈后再回中国工作。她写给朋友的信中说：

> 中国是我的家，不回去似乎不对……多年来我深
> 深爱着金女大，并且试着尽力帮助她……在不久的将
> 来，我又能为金女大服务了。

她还对身边的人说：我"倘若有第二生命，仍愿为华人服务。"

一九四一年初，魏特琳被送到金女大校董杜恩太太家中，一边休养，一边服药。她是一个闲不下来的人，她不仅帮杜恩太太做些事，每天还要工作半天。然而，在魏特琳的潜意识里，她总觉得自己是一个失败者，如今世界都在困苦中，自己却袖手旁观，不仅不能帮忙反而变成一个包袱。

五月十四日，魏特琳在联合基督教传教士办公室时，想到一年前的今天，她从南京回到美国的情景，突然情绪激动起来，便草拟了一份语言并不连贯的遗书：

> 我在中国传教失败了……与其受精神错乱之苦，
> 不如一死为快。

之后，她打开了厨房里的煤气开关，结束了她五十五年的人生。

五月十八日，联合基督教传教士公会和金女大美国校董会在美国密歇根州雪柏得镇，为魏特琳女士举行了庄严肃穆的葬礼。金女大校友代表纽夫人乘飞机从马萨诸塞州赶往密歇根州参加她的告别仪式。

因为魏特琳全家早已从伊利诺州迁到这里，于是她的遗体便安葬在这里。她的墓碑正面刻着金女大校舍的剖面图，人字

形的屋顶内，用遒劲大方的隶书刻着四个中国汉字：

金陵永生
MINNIE VAUTRIN "GODDESS OF MERCY" MISSIONARY
TO CHINA
28 YEARS
1886—1941

中文的意思是：明妮·魏特琳"活菩萨"在中国传教28年。

五月十八日，在美国雪柏得镇为魏特琳举行葬礼的同时，成都华西坝金女大全体师生也为魏特琳举行了沉痛的悼念仪式。吴贻芳亲自主持并致悼词。她说：

> 魏特琳的去世是金女大和基督教在中国传教事业的最大损失。她也是战争的损失者之一，她为了中国而献出了自己的一生。

魏特琳教授的死，是日本侵华战争的直接受害者，没有南京那场血腥屠杀，她的心灵也不会受到如此重大的刺激和伤害。

五月二十九日，吴贻芳将魏特琳教授的事迹上报行政院院长孔祥熙先生。六月十日，国民政府正式颁发国民政府令，以褒奖魏特琳女士。政府令说：

> 美籍女士华群（明妮·魏特琳的中文名字），秉性仁慈，见义勇赴，曩任金陵女子大学副校长，辛勤训育，卓著成绩。二十六年冬季，敌犯南京，势焰凶残，

独能不避艰险，出任救济工作，避难妇孺，赖以保全
者甚多，兹闻在美逝世，轸惜良深，应予明令褒扬，
以彰懿行。此令。

国民政府令 三十年六月十日 渝字第三六九号

根据金女大校董会意见，吴贻芳致信在南京的德本康夫人，
请她为魏特琳写一本英文小册子。后来，德本康夫人写成一篇
《华群女士追思礼拜报告》，追思会后，发表在一九四六年十一
月《金陵女子文理学院校刊》上。

一九四七年五月，是魏特琳女士去世六周年的日子，在日
本投降后的南京金女大校园里，又为她举行了纪念报告会。吴
贻芳再次在纪念会上作报告，其讲话主旨便是她见诸报端的
《华群女士事略》。

在此同时，又由吴贻芳等三十二名教师"募建华群女士纪
念堂"一座，以咸思魏特琳女士的道义和风骨。可惜的是，因
内战纪念堂未建立起来。

在吴贻芳的情感世界里，魏特琳无疑又是一朵不堪承受生
命之轻的女儿之花。

四 坝上风雨办学人

金女大西迁成都，与其他四所大学汇聚坝上，相济相助，
一时陌上小路人多路窄，熙熙攘攘，上演了一场"教会五大学"
蔚为壮观的独特风景。

这五所大学校长皆为学界名流，他们是：

华西协合大学校长张凌高，一八九〇年出生于四川璧山县（今重庆市）石梁桥乡，先后毕业于县立教会小学、重庆求精中学、华西协合大学文科、美国芝加哥西北大学、德鲁大学获哲学博士，一九三三年回国后完成注册立案手续，其办学宗旨是"促进天国发展"，"以博爱牺牲服务之精神，培养高尚品格，教授高深学术，造就专门人才"。

金女大校长吴贻芳，一八九三年出生于武昌，祖籍江苏泰兴，先后毕业于杭州弘道女中、金女大、美国密歇根大学，获生物学博士。一九二八年回国后任金女大校长。一九三八年以参政员身份出席第一届国民参政会，中华基督教协进会执行主席、中国基督教教育委员会主席。

金陵大学校长陈裕光，一八九三年生于浙江宁波，先后毕业于南京汇文书院附中、金大化学系、美国哥伦比亚大学有机化学系，获博士学位。曾担任留美中国学生会会长，一九二五年应邀回金大任教授，两年后被聘为校长。

齐鲁大学校长刘世传，山东蓬莱人，毕业于齐鲁大学、赴美国获霍士德学院文学学位，哈佛大学硕士学位，并修习国际法学博士学位（未完成），回国后任教国立东北大学、北平大学，一九三五年回母校主掌校政。齐大迁川后，运道不济，先后主掌者是刘世传、汤吉禾、吴克明。

梅贻宝是成都燕大代理校长，一九〇〇年生于天津，从直隶省考入清华预备学堂，后赴美在欧柏林大学就读，一九二八年获芝加哥大学哲学学位。回国后受聘燕大讲师、教授、教务主任、文学院院长，一九四二年初，燕大董事会推举他为成都复校筹备处主任，经过先期准备，同年秋天带领师生来到成都华西坝。此时华西大已无立锥之地，但仍拨出顶楼一间教室作为他们坝上办公之地。燕大师生便租借疏散到外县的华美女中和启化小学校舍开了课。

五所大学共有文、理、医、农等五个学院六七十个学系，算是战时中国规模最大、学科设置最为完整的大学。各校采取师资共享、分别开课、统一安排，允许教师跨校讲学，学生自由选课，学校承认学分的方法进行教学。五所大学共用华西大的教学园地，各自协调自己的教学。钟楼成了作业时间的总指挥，课间十分钟休息便是紧走急跑，赶到下一课室上课。路上人潮如流，但一到课室，又是一片肃静。

抗战的前两年，国共两党摒弃前嫌，共赴国难，全国抗日救亡运动搞得如火如荼。一九三八年夏天，随着日机对成都的轰炸，五大学"学生战时服务团"也应运而生，下设宣传队、歌咏队、演剧队等，他们走出校园，在成都附近的温江、新繁、石羊场、中和场等地，进行宣传、募捐、义卖、义演、支前、劳军等活动。金女大学生张素芳回忆：

> 张滢华、方荣榘、王勃等集中在我们宿舍（我同景荷苏、赵秀琴同房间），通宵达旦地赶制麻布书包、针线包、手帕等。大家出钱买布买线，还借来一些样品，有的管剪裁，有的管贴花，有的管刺绣，有的管缝制……真是大家一盘棋，出活快且好。我们在电影院门前义卖，同时宣传"有钱出钱，有力出力，支援抗战"。义卖捐款，装入竹筒。当义卖完毕，步行返回华西坝，将竹筒交给管财务的同学，再转回金女宿舍。

一九三九年六月十一日傍晚，日军出动数十架飞机飞抵成都上空轰炸。顿时城内城外爆炸声四起，火光冲天，有些居民区几乎夷为平地，金女大教学楼墙外一家茶馆也被炸塌，市民伤亡十分惨重。五大学救护队挺身而出，不等警报解除便冲向附近灾区抢救，他们把伤员抬到华西大学礼堂、办公楼里，让医院师生救治，金女大队员负责照顾。吴贻芳校长闻讯赶来，同学们看着她单薄的身体便劝她回去休息。她说："我来看望伤员，也来看望你们，你们辛苦了!"有的伤员需要上药喂水，吴校长就亲自动手照料。就这样，一直到凌晨三点她才离开。

然而在这前不久，国民政府颁发了《战时各级教育实施方案》，教育部明文规定"党义（三民主义）为当然必修科目"，坝上也成立了国民党区党部，对学校教育和学生思想进行监督，公开限制学生们的活动。

这一年暑假，五大学战时服务团想利用假日赴外地农村进行抗日宣传，受到华西坝当局的百般阻挠。金女大的队员去找吴贻芳校长诉说，请她帮助与当局疏通。吴贻芳思忖片刻说："你们下乡宣传抗日，这是件好事，我同意。但我只能同意金女大同学下乡宣传，我不能代表华西大学其他几所大学。"金女大的队员恍然大悟，将吴校长的意见转告其他四所大学的队员，其他大学的校长听说吴校长同意学生下乡宣传，便也仿照而行。华西坝当局知道吴贻芳国民参议会主席团成员身份，也就没有再加阻挠。

十月，吴贻芳在金女大作《如何振作精神》的演讲上，要求人们坚持抗战必胜的信念，认识精神的力量，尤其注重实际表现，在实际生活中清楚认识，进而振作精神，承担起中国国民的责任。她要求学生以自主为准则，在战争的环境下，生活要力求简朴，课外多阅读报纸杂志，多学习政治知识，使自己更有眼光。会后，她带头捐款为前方士兵制作寒衣，其他师生合计捐款四百四十五元，全部用于为前线士兵做寒衣。

一九四〇年的一天，宋氏三姐妹到金女大参观，并了解了学生的艰苦生活和为抗日捐款等情况。当吴贻芳说到如今学生连吃饭用的粗瓷碗都缺乏时，宋氏三姐妹当即说"有我的，就有你的"，于是送给金女大每个学生一只碗。在艰苦抗战的情势下，一只微不足道的碗，代表的却是"共患难，共奋斗"的价值和意义。

一九四〇年十一月，在张凌高校长的倡议下，华西联合大学又举办了"征衣冬赈音乐大会"，动员十二名教授、医师和一百三十名学生，短期内完成彩排任务。金女大、燕大都设有音乐系，此时发挥了重要作用。金女大声乐教授喻宜萱，出生于江西萍乡上栗县书香世家，曾入上海美专、上海音乐学院，后又入美国康奈尔大学，研究生毕业，她精通英、法、德、意等语种，声音圆韵华美，独唱《在嘉陵江人》《在那遥远的地方》《跑马溜溜的山上》和小提琴家费曼尔的独奏，赢得了台下阵阵掌声。这些"隐藏在玫瑰花丛中的大炮"（舒曼语），唤起了五大学师生抗敌救国的极大热情，人人争相助捐。

那时坝上有多类讲座，是课堂和书本知识的延伸，令五大学师生眼界大开。

一九四〇年联合大学与成都广播电台联袂开办讲座，每周举行一次，请多名教授轮番演讲，题目有西康教育、中英友谊和中日战争、社会建设与科学教育、非常时期利得税、中国人口问题、四川人与抗战等，这些课程贴近时局，广受师生欢迎。

一九四一年始，联合大学又举办了系列学术讲座。华大文学院长罗忠恕，史学家钱穆、何鲁之、哲学家冯友兰、张东荪、医学家程玉麐、候宝璋，农学家章之汶，社会学家李安宅、潘光旦等竞相登台。冯友兰讲"人生的四种境界"（即自然、功利、道德和天地）时，华西大事务所礼堂挤得水泄不通，门外也站满了人，其内容也在《思想与时代》杂志发表过。

鸳鸯蝴蝶派小说家张恨水战前曾以《金粉世家》《啼笑因缘》名播于世，倾倒无数痴男怨女，一时间洛阳纸贵。他曾经也到坝上做过演讲。那时他身着长衫，足登布履，拿一把折扇，俨然是一个说书人。能登教会学校讲堂，也算是绿荫遮蔽小路上留下的一段佳话。

以幽默闻名的作家林语堂曾在赫菲院大门遭遇一次"滑铁卢之役"，他讲的是东西文化的另一面："在美国的火车上，在No smoking（禁止吸烟）的地方吸烟，这叫民主；在德国电车上一老翁在未到购票站下车，被一青年拉回，这叫法西斯。太法制了，就不合人性，结果还是中国人情不差。于是男人用脑袋思想，女儿用肚子思想。"也许是他的福建龙岩话太难懂，也许是时间安排不当，也许是听众秩序太乱，他的演讲情绪大受影响，自知讲下去再无意思，他便收起稿子草草收场。当时有个粉丝拿着本子穷追不舍，让其签字留言，林语堂推辞不过，便在本子上画了个"〇"。结果第二天成都一家报纸便以"〇语堂博士华西坝发表演讲"为题作了报道。

这些无疑成为了金女大师生茶余饭后的谈资。

这期间，金女大先后也请了冯玉祥副委员长、全国女青年会廖奉真、林英仪、蔡葵女士、李安宅、孙伏园、吴霭成、张国安等教授演讲，所涉问题有国内国际政治、女性话题、专业学术报告和励志类等方面内容。

　　一九四一年十二月七日，日本袭击了珍珠港，美国对日宣战，太平洋战争爆发。第二年六月十九日，南京金女大校园被日军强行霸占，成了日军作战防卫司令部。德本康夫人等被遣散离开南京。她后来由上海、经非洲、南美返回美国。学校物资、图书被抢，从此再无法保护校园的一切了。

　　金女大坝上的生活，教师敝屣功名，安贫乐道；学子则苦读不辍，上下求索，承继着民族文化的根脉，苦度着坝上的岁月。

　　坝上最好的去处是图书馆和茶馆，学子们能在这里苦中作乐，消磨心中的乡愁。地处坝上的簧门街，街道不宽，店铺林立，茶馆殊多。到了星期天，大小茶馆全是学生。看书、吃茶、交谈、打桥牌，是他们的功课。他们坐在有靠背的小竹椅上，一盏盖碗，有人不断续水，可以从容喝上一天。累了困了，还可以躺靠在椅上"眯"一会儿。中间回校吃饭，只要在碗盖上套一张小纸片，就不会有人占此座位，这是人人都会遵守的"规矩"。

　　然而，臭虫却是让人夜不得安。成都有首儿歌唱道："瞟眼花边独眼龙，板起沟子逮臭虫。"沟子是四川话屁股之意。华西大各宿舍大同小异，唯一不同的是臭虫四季皆有，且无彻底消灭之术。开水浇床，仅收短期之效。臭虫专以吃人血而生，即使干瘪成一张皮，它也不会死，一旦闻到人的气味，又会"应运而生"。吴贻芳在指导金女大学生生活常识时称其中"一种让我们不舒服的虫子"，说得优雅又轻松，但在四川人那里，用儿歌唱得形象又生动。

　　金女大女生入学每人一张健康卡，记述着体态、姿势要纠正的缺陷，以及体重不达标需要增加营养的记录。金校学生每学年必须经受一项 postureweek 的训练：周末时候，同学们排成长队，在大草坪上行走，一面有音乐伴奏，一面有体育老师对队伍中的人检查记录，合格者便可通过。大家特别注意自己的姿势是否正确，从而达到强身健体的目的。

体育是金女大唯一一门四年的必修课，有田径、球类、舞蹈等。凌佩芬是教舞蹈的教师，她中等身材，美丽漂亮，说一口标准国语，同学们都叫她 Miss 凌。上课时候，她让学生面壁而立，伴随着音乐节奏各自做着不同的动作，她拿被单结成一道布帘，学生被遮在后面，只露出一双双脚，学生随音乐起舞，老师站在外面看学生的舞动的节奏给予指导，这样消除了学生在众目睽睽之下的不安和拘谨感。金女大每年春秋两季举行体育表演，户外运动有体操、箭术、排球、垒球和团体游戏，户内运动有班级姿势比赛，还有恶魔、土风、踢踏舞等。一九四三年四川省举办学生运动会，金女大二十四名学生组队参赛，荣获女子田径和蓝球赛冠军，二百米、八十米低栏和垒球项目破成都市纪录，二百米接力赛打破全国纪录，获得冠军。

金女大不招男生，学校内部管束和学生自律却很严格。所有女舍高耸围墙，门前三十米不准男生徘徊。若有事约见女生，须经门房传递条子，再到指定窗口晤谈，不能超时。即使女生父兄有事要见，也须由舍监陪同到会客室见面，因而被男生戏称为"紫禁宫"。

一次吴贻芳清晨散步，发现女舍窗下有一把椅子，当时舍监吓坏了，怕受处分。吴贻芳由此想到了学生越墙的安全，于是提议把会客室隔成几个半封闭的小间，摆些桌椅，供学生会客之需。她明白堵塞不如疏导的道理，由此解决了学生逾时不归的风纪。

吴贻芳不仅管理有方，且又大度开明。金女大学生张素芳是五大学战时服务团救护队的成员，在参加空袭救护队时与华西医科大学的吴廷椿博士相识，后来二人均留校任教，但他们之间的关系始终隔着一层窗纸，没有被捅破。张素芳在《温馨的回忆》一文中说：

> 我们一次在女大院宿舍门前与吴校长相遇，当我作介绍时，我看出吴校长对他印象颇佳。果然，没有多久，吴校长就谈起了我的婚姻大事。我说结婚要解决房子问题……（经她介绍，很快租到四川大学郑愈教授位于华西坝院内两间平房，同院居住的还有名画家庞薰琹夫妇。）在吴校长的关怀敦促下，我们于一九四一年十一月十二日孙中山诞辰日（正是星期天）在万德门母校办公楼内的小礼堂由吴校长主持了结婚典礼。小礼堂里坐满了两校的老师、同学。婚礼毕，在万德门楼前合影，然后大家到万德门楼后的小体育馆由我俩共同切开的婚礼蛋糕。这一切都是吴校长倾注爱心一手主持操办的。

吴贻芳给予弟子的爱，是一种生命的大爱、普爱，不是用"成人之美"的惯常思维所能诠释得了的。

一九四〇年秋，金女大增设了家政系，科目是营养、儿童福利、家庭装饰三个专业，管新元任首任系主任。不久燕大家政系毕业生容筱蕴从美国芝加哥大学读完硕士学位后回国，吴贻芳便请她来接掌家政系。黄燕华在《金陵女大家政系是怎样创办的》一文中回忆：

> 抗战时期教科书都没有，凡是有关家政系的书籍，都是容先生自己带回来的，也不是太多。试验室的仪器更是无着落，学校只配给她一个空的地下室，作为她的办公室。她到处找专家开班上课，或是组织学生到他校借读。她很快就为家政系订出必修课的内容，有食物学、儿童心理、儿童教养、营养学原理、高级烹饪学、家政学原理、膳食与疾病、治家技术、家庭布置、家庭管理、高级营养学、生理学、薄记学、营养学群书博览、机关膳食管理、家庭管理实习等。

黄炎培的女儿是金女大的学生，她在《母校育我 我爱母校》一文中回忆她父亲应吴贻芳之邀到坝上演讲的话说："金女大的教育应抛弃洋教育，更注意实际应用，比如学生烹调还要把书本放在桌边，每道菜称量后还要照书本如何切，如何放调料等，应由教师边操作边讲话，然后由学生自己操作，技艺自然便会掌握。"当然黄炎培的女儿说的是学习烹饪的初级阶段，对于学生来说，不走完这个全过程并熟练掌握它，是不会成为一个合格教师或厨师的。

后来五大学战时服务团暑期到岷江上游考察羌、藏民族聚居区，金女大家政系组建"家事组"，在汶川、茂县一带调查羌族同胞膳食营养，帮他们在可能条件下调整食物结构，增加营养成份，并教他们豆浆、花生酱等制作技艺。

这期间，吴贻芳亲自为金女大儿童福利事业做了两件大事：

一件是与华西大学医学院附属医院合作，在神经科程玉麟教授的指导下，创办了儿童行为指导所，开创了我国儿童行为研究和指导的先河。

另一件事是创立了金女大"儿童福利实验所"。这是一个完全服务于社会、造福儿童的机构，资金完全由金女大提供。实验所主任、总干事和干事都是金女大的毕业生。内设托儿所、小学班、儿童健康服务部、冬季特设儿童浴室及社会个案等项目，服务于社会底层的妇女儿童，为金女大社会系提供了一个良好的实验基地，树立了为国为民无私奉献的品质。

一九四五年底，美国援华会顾问和教育家再凯生博士及联合国善后救济总署儿童福利组主任刘易斯女士来校参观指导，给予好评并提供资金及设施扶持。

金女大家政系的学生鲜于明义，毕业后留校工作两年。抗战胜利后她未去南京，留在成都谋生。她长期在医院担任营养师，是私立华西音乐学校校长，这些与她在金女大学习家政专业是分不开的。

一九四三年三月六日，吴贻芳受邀加入"战后问题中国研究小组"赴美宣传中国抗战，同时与美国教会大学联合托事部商洽金女大发展事宜。

五月，美国史密斯学院授予吴贻芳法学博士称号。

六月十四日，吴贻芳又参加了国联纪念日，由三十二个国联成员国在华盛顿宪政大厅举行的庆祝活动。她作为中国代表团成员在会上发表了谈话。

一九四四年三月一日，吴贻芳从美国归来，受到全校师生热烈欢迎。接下来的一个月，吴贻芳受邀到各单位演讲，演讲次数达二十六次之多。

十一月中旬，日军向广西进攻，连下独山、八寨、都匀，陪都重庆受到严重威胁。一时间人心惶惶，举国震动，国民政府有西迁四川西昌的准备。继蒋介石重庆召开"发动知识青年从军会议"后，又一次发起青年从军运动。金女大成立了以吴贻芳为会长的"知识青年从军运动征集委员会"，报名人数达四十多人，以三、四年级学生为多。

然而，突入广西的日军已是强弩之末，制空权早已被美军所掌握，何应钦、汤恩伯在贵阳指挥的军队，不到半年便收复独山、八寨等失地，重庆告急之势随即解除。

就这样，侵华日军《一号作战纲要》的美梦被打破。

五 涉足政坛

一九三八年七月六日，吴贻芳作为无党派人士，经国民参政会按条例遴选，被聘为国民参政会参政员。

国民参政会是中华民国政府的一个民意咨询性质的议政机关，是在原"国防最高会议参议会"的基础上，由国防最高会议主席聘请中国共产党、国民党、中国青年党、救国会和各界人士参加的咨询机构。

一九三八年三月，由中国共产党建议，国民党决定接受共产党主张，结束国防参议会，制定了《国民参政会组织条例》，遴选参政员，于一九三八年七月在武汉正式成立。实际上，这也是国、共合作统一战线的产物。

同年七月六日至十五日，第一届国民参政会在汉口两仪街上海大戏院（今汉口洞庭街中原电影院）召开。出席参政员一百五十六人（公布名单为二百名），国民政府任命汪精卫为首届参政会议长、张伯苓为副议长。

吴贻芳早年就立志献身教育，本欲远离政治，但事情总是事与愿违，她是百分之五女参政员中的一位，不得不开启了她的参政人生。

中共方面毛泽东、陈绍禹、秦邦宪、林祖涵、吴玉章、董必武、邓颖超等七人也接受了国民政府的聘请，担任国民参政会参政员。

在会上，中共参政员陈绍禹领衔提出《拥护国民政府实施抗战建国纲领案》，号召全国军民积极帮助政府，为实现《抗战建国纲领》而奋斗。全体参政员起立鼓掌通过了这一提案。

会上吴贻芳、邓颖超、史良等人提出临时动议：《"七·七"周年纪念献金案》，全体参政员一律献金，以助抗战。这项动议获得通过。

行政院长孔祥熙、军政部长何应钦分别作了报告，还通过了《改善各级行政机构案》《切实保证人民权力案》《调整民众团体以发挥民力案》等方案。

会议确定了第一届国民参政会驻会委员：张君劢、左舜生、曾琦、董必武、秦邦宪、陈绍禹、褚辅成、杭立武、王隽英（女）、陈希豪、罗隆基、张澜等十二名代表。

在闭幕式上，副议长张伯苓请吴贻芳致词。

已经四十五岁的吴贻芳沉稳地走上讲台，她盘在脑后的发髻一丝不乱，金丝边眼镜后面透出坚毅的目光。她怀着抗战必胜的信心，在简短的发言中说："要在抗战中养成民主习惯，团结一致，使民族永久生存，国运日臻强胜。"

这次大会后，国民参政会的机构迁往重庆。

一九四一年三月一日，第二届国民参政会在重庆渝中区中华路一六八号（西式小楼）召开。

在这次会议之前的一月六日，发生了震惊中外的"皖南事变"，中国共产党领导的新四军九千余人奉命北调，在路经安徽泾县茂林地区时，突然遭到国民党军队八万多人（七个师）的包围袭击。经过七个昼夜的血战，新四军弹尽粮绝，除一千多人突围外，大部壮烈牺牲，军长叶挺被扣，项英、袁国平、周子昆等人遇难。

对此毛泽东以中共中央军委名义发表讲话，严厉斥责国民党顽固派破坏统一战线的行为，提出惩办事变祸首，恢复叶挺自由等十二条要求，如不答应上述要求，中共参议员拒绝参加第二届参政会。同时又将"十二条"解决问题的办法写信给黄炎培、张澜、张君劢、罗隆基、梁漱溟、左舜生、章伯钧、沈钧儒、褚辅成、邹韬奋、张申府等多党派代表，揭露蒋介石的反动嘴脸，使中间党派认识到若仍以妥协求团结，必将丧失三有的地位。

开幕的头天晚上，蒋介石从晚上到清晨不断用电话向秘书长王世杰询问消息。直到清晨，张冲又奉蒋介石之命去请董必武、邓颖超出席，仍遭到拒绝，最后只好将会议延期一天。

这次会议决定，从此次大会开始，国民参政会实行主席团制。选出的主席团成员是蒋介石、张伯苓、左舜生、张君劢、吴贻芳等五人。吴贻芳是主席团成员之一，也是唯一的女性。

这一届国民参政会驻会委员是：张君劢、左舜生、董必武、黄炎培、吴贻芳、江一平、陈希豪等七名成员。

　　吴贻芳以无党派人士身份参加，她热切希望在困难当头，民族危亡之时，全国各界人士能紧密地团结起来，共同打败日本侵略者，收复沦陷国土，重新建设自己的家园。对于"皖南事变"，她十分痛心，认为兄弟阋于墙，不利于抵御外侮。在这种情况下，中共参加政员提出的"十二条"要求，不能为国民党所接受，她深深感到遗憾和惋惜。她对中共参政员的缺席留下深刻印象，尤其是邓颖超这样的女性，让她久久不能忘怀。

　　在中国近代政治生活中，吴贻芳担任这样的高职是罕见的。她不仅使中国妇女界感到骄傲，也使国际社会开始注意她的活动能力。新闻界不少人对吴贻芳的才干大加赞赏，但对她的参政却持保留态度。在这次会议上，由于多派意见相左，再加上少数豪门肆意妄为，招致多数参政员大为义愤，使得会议常常处在一种紧张气氛之中，不时出现激烈争辩甚至谩骂的情况，会议主席团几位主席一时无法应对，只好由秘书长王世杰宣布休会。

　　在会议开不下去的时候，他便请吴贻芳出面主持。

　　她身着淡雅的旗袍，高高地坐在主席台中央，态度庄重，大方沉稳。她的这一形象使台下的人们不由自主地平静下来。特别是她用极富条理性的语言，将大家引导到会议的中心议题上来，引导大家的讨论不跑题，才使得大会有条不紊地进行。虽然会议也有许多次骤起波澜，但都在她的警锤下平息下来。人们对她主持会议的情景留下了深刻印象，甚至许多年后还为人们所乐道。

　　一九四二年十月二十二日至三十一日，第三届国民参政会在重庆召开，中共代表仍未参加这次会议，与会代表二百余人，蒋介石在开幕式上致词。会议提出四项工作：改进风气，平抑物价，集中财力，动员人力继续投入抗战。会议还通过了《关于加强管制物价议案之决议》等提案。这次参政会驻会委员是：张君劢、左舜生、董必武、郭金雨、刘民生、刘幼亭、黄炎培、陈希豪等八人。吴贻芳不再是驻会委员。

一九四五年七月七日至二十日，第四届国民参政会在重庆召开。与会代表二百九十人、王世杰、吴贻芳（缺席）等任主席团主席。这次参政会由陈赓雅提出《请政府彻查三十一年度同盟胜利美金公债发行余额大舞弊嫌疑案》提案，傅斯年等在大会上发难，成为此次国民参政会一大看点。这次参政会驻会委员是：张君劢、左舜生、董必武、黄炎培、陈希豪、江庸、褚辅生、王云五、范予遂、任纯武、薛明、雷震、傅斯年等十三人。

国民参政会从一九三八年到一九四八年，共召开四届一三次会议。这其中最重要的会议议题，是一九四五年前动员全民族力量，团结抗战。作为无党派代表的吴贻芳，参加并见证了国民参政会的全过程。

一九四三年三月六日，由吴贻芳、晏阳初、桂质廷、李卓敏、陈源等组成的"六人教授团"，前往美国宣传中国的抗战，敦促美国开辟第二战场，加速日本侵略者的灭亡。

在美国，他们去了不少地方，每到一处，吴贻芳等人便发表演讲，介绍中国抗战情况，博得了美国社会广泛同情和支持。除集体活动外，吴贻芳还应邀出席了长老会全国大会、圣公会妇女大会，还列席了其他一些会议。

美国基督教联合会对吴贻芳来美参加会议表示热烈欢迎，

召开特别会议，请她作专题发言。吴贻芳在讲话中主要介绍了抗战中的中国妇女和金陵女子学院。她用自己亲身经历和切身感受，讲了日本侵略者的烧杀奸淫，血腥屠杀中国人民和南京市民惨暴行为，到会的人深受感动，也十分愤慨。尤其是日本侵略者给中国妇女和儿童带来的灾难性伤害，更得到他们的同情和支持。他们从吴贻芳的讲话中，看到了中国人民抗击日本侵略者的决心和意志。

一九四五年二月四日至十一日，苏、美、英三国首脑斯大林、罗斯福、丘吉尔在苏联的克里米亚岛举行雅尔塔会议，亦称"克里米亚会议"（苏联解体后一度属乌克兰，今归俄罗斯，称克里木半岛，雅尔塔在岛的南部黑海边上）。会上讨论了关于战胜法西斯德国、铲除军国主义和纳粹主义、分区占领德国和柏林，苏联对日作战以及战后世界的安排等问题，并签订了《雅尔塔协定》，发表了《克里米亚声明》。

一九四五年四月二十五日至六月二十六日，在美国旧金山举行了联合国制宪会议。这次会议有五十多个国家的二百八十二名代表参加，是一次盛况空前、具有世界性历史意义的大会。中国代表团以国民政府代理行政院长兼外交部长宋子文为首席代表，正式代表成员有顾维钧、王宠惠、魏道明、李璜、张君劢、董必武、胡适、吴贻芳、胡霖等九人参加，施肇基为高等顾问。吴贻芳是中国教育界和无党派人士代表，也是中国代表团的唯一女性。

赴美前，重庆妇女界在外交协会礼堂集会，隆重欢送吴贻芳女士出席联合国制宪大会。在会议主持人的邀请下，吴贻芳作了即兴演讲：

　　我对和平有一个希望，就是觉得第一次国际联盟
太重理，此次第二次的世界和平的建立当靠武力，但
最高的理想则是民族互相谅解为重要的目的，即所谓
世界大同。在两次大战中，由于血泪的经验，我们知
道精神与道德是不可忽略的，不再使武力胜于正义，
我们要维护世界永久的和平。

　　吴贻芳的讲话不时为掌声所打断，台下的人无不为她的精
辟演讲和她的风采所折服。

　　会议期间，苏、美、英、中四国分在第四组，这一组讨论
异常激烈，且观点相互对立，因而被各国记者所关注，纷纷拍
照并报道这个组的讨论情况。一次讨论会上，在欧美代表发言
之后，只见走上主席台的是一位东方风格的女性，她身穿丝质
旗袍，戴一副金丝边眼镜，梳着一个中国式的发髻，瞬间被会
场代表和记者的目光所聚焦。惊诧、疑问、期待和猜测，共时
在脑海里浮现。

　　吴贻芳在主席台站定之后，镇定地环视了一下台下的会场，
看了看手中的发言稿，然后又把稿子收起来，便即作了发言。
她首先从中国的历史和文化讲起，谈了近代中国被日本帝国主
义大肆侵略的情况，和中国人民奋起抵抗并战胜侵略者的决心
和意志，最后她阐述了中国政府对维护世界和平的看法和对联
合国宪章的意见。她的发言不急不慢，有理有据，深深为在场
的人所吸引。在讲话结束的时候，会场上响起了暴风雨般的掌
声，许多代表来到中国代表团的坐席上，向吴贻芳握手致贺。
他们说，在当今国际讲坛上，还从未看到女性有如此清晰的逻
辑表达和肃穆大方的风度，精彩的演讲令人难忘。

六月二十五日，《联合国宪章》经过讨论，在第九次全体大会上一致通过。在签字仪式上，联合国会议指导委员会考虑到中国是最早受到帝国主义入侵并奋起抗击的国家，便安排中国为签署《联合国宪章》的第一个国家，这对于正在取得抗击日本侵略者节节胜利的中国人民，无疑是个极大的鼓舞。那一天，宋子文因改选国民政府行政院长的事情提前回国，胡适因公出差未能参加签字，中国代表团由代理首席代表顾维钧率先签字，接下来是代表团成员王宠惠、魏道明、吴贻芳、李璜、张君劢、董必武、胡霖在《联合国宪章》上签字，前五名不仅签了自己的中文名字，还用英文签了自己的名字。吴贻芳作为签字的第一位女性代表，她的名字永远留在了这个历史性的文献上。

吴贻芳出席联合国大会的不俗表现，不仅给中国的妇女争得了荣誉和自豪，而且在国际上也引起了广泛注意和轰动。新闻界评论说，吴贻芳作为中国代表，在如此重大的场合有如此良好的表现，是世界妇女界一个不可多得的人才，因此各种邀请纷至沓来。

担任美国妇女团体联合会主席的旧金山市市长立坎夫人，特地邀请吴贻芳作为嘉宾出席大会并发表演讲。她以一口纯正的英语和充实的抗战内容，博得了在场听众的一致好评。她还在加利福尼亚州圣约翰长老会教堂，对美国妇女进行了演讲；又参加了在美华侨向祖国捐献飞机的命名典礼，并代表中国政府和民众向侨胞表示深沉的谢意。会议期间，适逢旧金山米文斯大学八十八届毕业生毕业典礼，吴贻芳应邀参加并到会祝贺，同时被这所世界著名大学授予荣誉法学博士学位。

联合国大会闭幕后，吴贻芳本想随代表团一起回国，但由于连日参加会议、发表演讲，她不幸病倒了。经医院诊断，她只得住院治疗并做了手术。在疗养期间，国内召开了第四届国民参政会，她又被选举为主席团主席。没多久，她又从美国广播中得知日本无条件投降的消息，激动得夜不成寐，泪如泉涌。压在她心里那块沉重的石头陡然落地，中国人民八年艰苦抗战终于结束了。

一九四六年一月，吴贻芳身体康复，她随即从纽约乘机返回中国。然后经上海、重庆，回到成都金陵女子文理学院。

第五章　重返南京

一　归梦

日寇投降的信息说到就到了。可是吴贻芳刚做完手术，只能躺在美国乡间病床上疗养。而等到她痊癒返回中国，已是第二年一月了。

成都坝上最先得到日寇投降这一消息的，是燕大新闻系的学生曹俊华报道的。那时，她正在《华西日报》实习采编业务，得知这一胜利消息后，便急如星火地跑回到燕大陕西街的女生宿舍奔走相告，顷刻间同学们欣喜若狂，欢呼雀跃起来。大街上，像冲决堤岸的洪水，迅速向四处漫延，即刻传遍了成都的大街小巷。欢呼声、鞭炮声响彻云霄，整个蓉城沸腾起来了！

他们涌向繁华的春熙路、盐市口，涌向祠堂街和满城公园（亦称少城公园）；他们一个个热泪盈眶，边跑边喊，有的跑掉了鞋子也不去捡拾；他们额首相庆，高呼万岁；他们高唱抗日歌曲，声音此起彼伏；他们高诵杜甫诗篇："剑外急传收蓟北，初闻涕泪满衣裳""白日放歌须纵酒，青春作伴好还乡"。还有些"老把子"男人弄不明白发生了什么事，也跑到街上凑热闹。他们不会唱抗日歌曲，便对着女学生唱起民歌《辣太阳》："太阳出来辣焦焦，情妹出来讨海椒。红的拿来晒，青的拿来烧，看你情妹焦不焦?"街上俨然成了开锅的粥!

报端有人撰文记其事："成都千万市民，齐向春熙路国父铜像献花，一时花圈花篮堆积如山，鞭炮之声，震耳欲聋。各社团并纷电蒋主席致敬。晚间游行长达数里，卡车一辆前导，车前悬挂中美英苏四国国旗，满坐人群。有二女郎全身白绸，发束金星，装扮成自由神，亭亭当车而立，最惹人注目。"

这便是当年成都人庆祝抗战胜利的写真!

人们无不喜极而泣。八年的抗战终于胜利了，不，应该说十四年抗战终于胜利了，压抑在人们心头的苦难与耻辱被搬开了，民族尊严又重新找回来了，此时人们的心情用火山爆发形容一点都不为过分。

而此时真正难受的，却是那些日本军国主义侵略者和那些助纣为虐的民族败类、汉奸走狗们。

八月十七日，被关在北平东单三条日军看守所的司徒雷登获释出狱。当天便在东交民巷三官庙召开复校筹委会，在会上做出一条规定，凡在燕大被日本人封闭期间为日伪效命的，一律不得返校复职。不久他风尘仆仆南下重庆、成都，看望坚持办学的燕大师生。晚年，他回忆成都之行说："我一直咳嗽，到处扯着嗓子演讲，疲劳过度，但在四年监禁以后，能亲眼看到亲爱的同事和学生们勇敢克服艰难险阻，体验他们对我的真心欢迎，一切都值了。"

八月末，国民政府教育部发出通知：各学校因日军破坏或征用，校舍设备需待修复。迁至大后方的学校须留在迁居地，本学年按时开学，安心上课，详作复校计划，待明年暑假再复原校。

九月底，根据吴贻芳的指示，南京校园由金女大留守负责人程瑞芳收回。为了避免涌入南京"接收"的国民党军队占据校园，程瑞芳等在金女大校园内先办起了一所实验女子中学，共招收一百八十名学生。这样可以一边整修，一边为成都师生返校作准备。十月，校执委开会决定，请蔡路德教授先回南京，了解校园的实际情况，郭锡恩接任总务主任，他在《受命于校长》一文中写道：

> 当我初到金女大并看到所有荒芜待修的空旷教室时，大吃了一惊。校园当时被日军长期占用，日本兵把所有能用的材料统统拆卸下来并运回日本。木桌子、椅子和书籍都用来做燃料。于是用很有限的资金去添置教室和宿舍必需的床桌椅板凳、教堂用具、图书馆图书、实验室设备等等，就成了我的责任。我还有另一项职责就是为金校约五百名的师生员工提供食物。与此同时，我们还需要紧张迅速地修缮校园里的房舍。

这是日本兵自一九四〇年十二月进入金女大校园后洗劫的又一罪证。

十一月二十四日至二十五日，金女大在成都举行了庆祝金女大成立三十周年纪念，并发起募集重建校舍基金活动。通过社会人士捐赠和本校学生捐款，共募集到一千零四十七万六千四百八十元。其中捐款百万元者有张紫辉、李祖永、徐士浩三人。这些捐款全部用于重建金女大校舍和科研设备、图书资料的购置。

蔡路德教授于十二月到达南京。她详细调查了学校被破不情况，制定了一个校舍修复计划，并拟定了一份教学科研仪器设备清单，由她寄往美国纽约托事部。蔡路德教授与其他人跑了南京市场，从各旧书店购回几万册图书，还添置了一部分急需新书。

一九四六年一月，吴贻芳从纽约乘飞机回到上海。

她一到上海便去看望她的姨父母。陈叔通已七十高龄，乍相见，一家人都情不自禁地流下了眼泪。交谈中，除共叙日寇投降喜悦心情外，陈叔通还告诉她国民党接收大员在上海骄横暴戾、贪污腐败的丑行，并嘱咐说："国难当头，你在民意机构任职，为抗战出力，姨父甚感欣慰。现在抗战胜利，而国民党党质已变且腐朽，你可千万别在国民党官场谋一官半职！"

几天后，吴贻芳去重庆转机并看望故旧。

在她准备飞往成都之前，宋美龄约她见面。宋美龄一见面便问吴贻芳身体恢复如何，生活还有什么困难。

吴贻芳笑着回答："一切尚好，只是觉得有点累。"

宋美龄又说："今天没有特别的事情，只是听说你路过重庆，请你来喝喝茶，聊聊天，顺便了解一下金女大的情况。"

吴贻芳介绍了参加联合国大会和会后一些活动的情况，又说，参加这些活动本身就说明中国国际地位的提高和中国妇女开始走向世界。

宋美龄点点头，表示亦有同感。

吴贻芳在谈到金女大情况时，着重讲了校园被破坏的情况，以及成都师生急于迁回南京的愿望。

宋美龄喝了一口茶水说："南京金女大校园的修复，政府将尽力协助。至于成都师生迁回问题，由于抗战刚刚胜利，大家都急于还都，这件事请你与有关部门协商解决吧。"突然，宋美龄转了一个话题，对吴贻芳说："司徒雷登先生已被日本人释放，不久前他从北平飞来重庆，拜访了我们，然后又到成都看望他的燕京大学。在与我们交谈时，他提出了一个建议，由你出任国民政府教育部长。"说到这里，宋美龄没有再说下去，只是微笑着望着吴贻芳，看她有什么表情变化。

宋美龄这突然一问，令吴贻芳有些诧异，但很快她就平静下来。虽然一年来未在国内，但姨父陈叔通给她说的一番话和不久前发生的昆明"一二·一"惨案、重庆"沧白堂事件"、"较场口事件"，给她的心头蒙上了浓重的阴影，更感到国民党离广大百姓的心越来越远。于是她说："感谢司徒先生的好意，这样的重任我可担当不起，再说金女大也不允许我兼任，你说是吗？"

宋美龄见此事不行，正好就此下台，便推说："是呀，当时我就对司徒先生说，这件事恐怕不行，金女大也实在离不开你。"

辞别宋美龄出来后，她便乘机飞往成都。吴贻芳以为此事就此已了结，哪知几年后，这件旧事又被提了出来。

二月十二日，吴贻芳回到成都金女大，受到全校师生热烈欢迎。

此时的金女大，虽然大家有条不紊地上课，一切如常，但吴贻芳从学生们唱得最多的那首《念故乡》的歌声中，了解了她们的心情，每天晨起或傍晚，这支歌常常穿过窗子，飘到她的耳畔。

念故乡，念故乡，

故乡真可爱；

天甚清，风甚凉，

乡愁阵阵来。

故乡人啊今何在，

常常念不忘；

人在他乡一孤客，

寂寞又凄凉。

我愿回故乡，

重返旧家园；

众多亲友聚一堂，

同享从前乐。

　　歌声是悲切的。历经八年离乱的苦难，或许只有回到故乡才能冰释心中的一切。

　　作为一校之长的吴贻芳，她把师生从千里之外带到这里，又何偿不想把他们尽快带回到金陵的校园呢？这是她的责任与担当。她说："九月份回到南京太迟了，必须从现在起开始准备，赶在秋季开学之前自行迁回。"她的这个决定说到师生们的心坎里，得到的是经久不息的掌声。

　　在她的指挥下，金女大开始了大规模的搬迁。她的计划是，从四月中旬到五月中旬，分三批离开成都。大部分师生和物资由陆路返回，乘军车从成都北上广元出川，途经略阳、凤州到宝鸡，然后乘火车东去，经河南到江苏徐州，再南下经安徽到达南京。另一部分由水路出发，扬帆东下。还有少数学生乘飞机回南京。

金女大在成都办学八年半，在离蓉前学生自治会发起了一项以手册来纪念这段历史的活动。吴贻芳带着深深的情感，在《金女大离蓉纪念册》上，写下意味深长的感言：

（一）本校自产生自今，仅有三十一年历史，但已有八年半生长在成都。这八年半的生活史，正当国家至多难，所以过得相当艰苦，然而在校史上明确增加了不少的经验和光辉。

（二）回忆八年前的秋天，本校决定集中成都办理后，同学们坐的第一辆车驶入华西坝时，在蓉所建宿舍初成，因告诉他们宿内四壁皆空，家具尚未购置，只能先睡地铺。同学们等闻之毫不以为苦，反而雀跃地说："睡地铺毫无关系，到了自己的宿舍就快乐了。"此情此景，犹历历在目，而时间已过了八年，这种吃苦耐劳、从大处着眼的精神，堪称我校一贯的风尚。

（三）在蓉期间，和友校合作，本着互信互让的精神，始终无间，不但适应了战时环境，且能继续发扬滋长，这种宝贵的经验，在校史亦很光辉的。

（四）现因我校复员关系，学生自治会发起以手册来纪念抗战时在蓉的一段史实，意义深长，嘱数言，因将金陵数十年的精神略加揭发；并希复员后，此种精神，益能发扬光大。

这段留言，言简意赅，八年生活的始末跃然纸上。

吴贻芳做好回迁南京的安排后，即回南京主持复校事宜。

一九四六年四月十五日，吴贻芳又来成都坝上，五大学召开最后一次联合集会，同时举行了当年毕业生典礼。金大校长陈裕光因事未参加这次大会，由吴贻芳校长主持。主席台来宾有法国驻华大使独臂将军贝当、成都市长陈离等；吴贻芳讲话后，贝当大使致祝贺词。金女大四二级有四十一位毕业生，她们走到主席台前，由吴贻芳逐一发给象征毕业证书的纸卷。

东归在即，学生们纷纷变卖衣物和书籍，教授家属也在坝上摆地摊典卖自己的家具旧物，作行前的准备。四大学校的领导人也纷纷向东道主华西协合大学张凌高校长辞行，吴贻芳代表金女大全体师生的道别词写道：

凌高校长先生道鉴：

前因战事关系，蒙盛谊收容，历时达八九载，始终承惠照拂，隆情厚谊，上薄云霄，感篆之深，实难言宣。临行之前，又蒙厚赐，以资纪念，敬代表学校肃笺奉谢，幸希赐警，并时赐教言为荷。

专此，敬颂

道绥

吴贻芳（钤印）谨启

这道别词写的言短意长，鲜活葳蕤，大有率众山以谢珠峰之状，犹如摩西出埃及记、希伯莱书，种子在潇潇春雨中发芽。

吴贻芳做完了一切善后，踏歌送她的弟子们上路。学生们唱起了修改后的金女大校歌：

虎踞龙盘兮，女校曰金陵；

科学分文理，研析求其真。

> 看山高水长，浩荡莫与京；
> 国家民族待，兹山川效应。
> 中华号古国，文化早著名；
> 道艺与方技，学海浩无垠。
> 化民务成俗，立己更立人；
> 女界多才秀，莘华赖栽成。

歌声唱沸了师生们的心。他们忘记了惜别的悲伤，增加的却是激动的泪水。

汽车发动了，司机按响了开动的引擎笛声。

在教师的带领下，汽车沿着川陕公路很快没入崇山峻岭间，向着陕西宝鸡行进。

一路颠簸虽然辛苦，但一路歌声赶跑了旅途的疲劳。抗战刚刚结束，各地秩序十分混乱，盗匪横行乡里。尤其是这些如花似玉的女生，很是让人提心吊胆，所幸他们慑于校长吴贻芳威望，未敢有些微放肆。一些官府衙门，看到吴贻芳的亲笔手鉴，也尽其所能给予照顾。

走水路的那些师生就没有那么幸运了，她们在重庆迟迟拿不到船位。这一等就是一个夏天，重庆酷暑如火，活活困在这里不能动弹，直到八月才买到船票，从重庆沿江东下到达南京。而走陆路的师生，仅用半个月就到达了学校。

在全校师生完成这次迁徙之后，吴贻芳才轻轻地松了口气。

九月开学之前，吴贻芳带领师生把新油漆的"金陵女子文理学院"的校牌拿出来，兴高采烈地重新挂在陶谷校园的大门口。八年多的别离，众师生报以热烈掌声，而年过半百的吴贻芳，此时发出的却是一声深长的叹息。

开学那天，金女大重整旗鼓，在校学生总数达三百三十二人，新聘教职员工五十三人；学校机构重新做了健全的调整，仍设文、理两个学院；颁布了《辅导处规则》，重新编印了《私立女子文理学院要览》，其内容包括校训、校歌、校徽、学生通则（重申了主、辅修学分制度）等。

然而，就在吴贻芳大力恢复金女大黄金时期的境况时，令她没有想到的是，外部环境已悄然发生了变化。

二　拥抱和平与民主

金女大迁回南京后，战争与和平、独裁与民主这些重大问题，一件件向着吴贻芳纷至沓来，让她猝不及防，甚至来不及思考。这些事件考验着她的政治智慧，考验着她的判断和抉择。

作为教育家和社会活动家的吴贻芳，这么多年虽然积累了不少人生经验，但在这些大事面前仍感到心有余而力不足。工作之余她仍不忘去上海看望年迈的二姨和二姨父陈叔通，这二老是她唯一的亲人，有些把握不准的事情也想听听二姨父的看法。渐渐地她发现二姨父的政治倾向越来越明显，有时甚至直接表达对中共主张的同情和对国民党政权的痛恨。

其时，二姨父在上海大通别墅包达三先生家的"双周聚餐会"上，开始了与周恩来等中共领导人的接触，翻开他晚年政治生命新的一页。老人知道吴贻芳与国民党的人物接触较多，他从关注到一步步具体去引导。

一九四六年六月，马叙伦、陶行知、王绍鏊、许广平等社会知名人士联名致函蒋介石，强烈要求国民党当局制止内战，同时也给中共代表周恩来写了信。没想到蒋介石根本不予理睬，还针对全国性的反饥饿、反内战、反迫害爱国民主运动，制定了《维护社会秩序临时办法》，禁止请愿、罢工、罢课、游行示威等活动。

六月二十三日，上海人民团体联合会在上海火车站广场召开反内战大会，欢送以马叙伦为代表等十一人赴南京请愿。代表们在南京下关车站下车时，突然遭到一群自称苏北"难民"的暴徒毒打。整个过程长达六小时，车站值勤民警佯装不见，泰然离去。阎宝航和雷洁琼为了保护马叙伦，拼命用身体挡住暴徒，但还是挨了打，后来马叙伦被推到厕所后面办公室躲了起来。学生代表陈震中被打成重伤，记者高集背、腿、头均被打伤，左眼球突出。这就是震惊全国的南京"下关事件"。

吴贻芳作为社会名人，不少新闻记者向她采访。有一位女记者曾多次采访过吴贻芳，她走进校长办公室，吴贻芳正在处理公文，听了记者谈起"下关事件"，吴贻芳神情严肃起来。出乎记者的意料，她却态度鲜明地表达了自己的看法。她认为国共两党都是中国人，有问题可以协商解决，不应该出之于打，"下关事件"侵犯了人身自由，必须明辨真相，严惩凶手。

吴贻芳的这番谈话，在国民党上层引起一片震惊。一位平时态度温和、且有着国际影响的人士，一反常态的强硬表态，引起了许多人的关注。有一位国民党高层人士颇为愤怒地说："吴贻芳意欲何为？"

一九四六年十一月五日，国民政府在南京召开国民大会，因国民党违反了多党达成的"双十协定"，共产党、民主同盟等党派拒绝参加这次会议。按规定，凡国民参政会的参政员都可转为国民大会代表，原参政会执行主席也是国民大会主席团的当然候选人。吴贻芳因此也成为这届大会代表和主席团的候选人。殊不知在第一天召开的大会上，吴贻芳宣布自己不参加主席团，对此，国民党领导层很是难堪。

吴贻芳认为，这是一届制宪国民大会，在没有共产党、民主同盟等党派来参加的情况下召开，是不合民意的，当然也是不光彩的。为此她提出不参加主席团，也就是对大会所作任何决议不负责任。

她的这个看法，代表了很大一部分无党派人士和宗教界人士的想法，由此也获得了许多有识之士的称道和赞赏；当然，也引来了国民党政客的非议。对此吴贻芳淡然一笑了之。

民社党的无耻政客，见此情况，便主动与吴贻芳接近，主动将其知道的国民党内部新闻告诉吴贻芳，企图把她拉进民社党内。吴贻芳并不为其所动，反而更加加深了对官场的厌恶。她知道，凭个人力量是无法挽救这种局面的，与其泡在无聊的官场活动中，不如脚踏实地的致力于她的教育事业。

后来，陈叔通先生的儿子回忆说："吴贻芳不入官场，专注于教育事业的做法，多少有点受陈叔通先生的教诲和影响。陈叔通先生一贯支持吴贻芳从事教育事业和儿童福利工作，随着她的国内外声望的提高，陈叔通先生一再关照她在政治上要谨慎从事。他还将自己了解的国民政府政治丑闻告诉吴贻芳：抗战胜利后老百姓继续遭受苦难，是国民党独裁统治的结果。知识分子出身的吴贻芳，在官场上是斗不过那些官僚政客的，和这些人混在一起，只能当当摆设。与其如此，不如干点于人民有益的事。"

　　一九四六年十二月二十四日，北京大学先修班女生沈崇，从八面槽甘雨胡同表姐家去看电影，路上被美国大兵威廉·皮尔逊和普利查德架到东单广场强行奸污。消息传出后，遭到北大、燕大、朝阳、师大、辅仁等大学的严正抗议，后来又掀起了北京、天津、上海、武汉、重庆等全国性的抗暴斗争。南京国民政府不得不面对这个重大问题。蒋介石与宋美龄商量后，把沈崇从北京接到南京金女大，由宋美龄亲自出面到校务办公室与沈崇谈话，并以"供你上大学""改名和收作干女儿"为条件来平息这件事情。

　　后来才得知，沈崇是两江总督沈葆桢的曾孙女，父亲沈劭后来是国民党交通部次长。她原籍福建闽侯，因其父在江浙一带做工程生于镇江。后来她改名沈峻，入上海复旦大学外语系就读并入党。解放后到外文局下属单位工作，二十世纪五十年代中期与漫画家丁聪结婚。

　　宋美龄的车子驶出金女大，她又命令司机开往远郊特别军事囚禁所，以"强奸了美国的援华政策、中美两国人民的友谊"和"判你十五年徒刑"对皮尔逊相威胁，最后平息了这个事件，皮尔逊回到美国就被释放了。

　　一九四七年五月初，国民党当局因醉心于内战，造成了全国范围内通货膨胀，国家出现经济大恐慌。南京的中央大学学生首先发起了"反饥饿大游行"，沪、宁、杭三地学生奋起响应，组织联合请愿团，向国民政府行政院、教育部和参政会请愿。

　　五月二十日，在南京城里的马路上聚集起一股人群的怒潮，呐喊着反内战的口号，浩浩荡荡向国民政府所在地涌来。南京的金女大、金陵大学、中央大学，上海的复旦大学，浙江的杭州大学等地的学生；有长衫的先生、有洋装的学生和穿旗袍的小姐，还有无数长衣短衫，男的女的，老的少的，他们手里拿着三角小旗，边走边高喊口号，把传单散发到沿途群众手里。

当游行队伍走到珠江路口时，遭到宪兵高压水龙头的拦阻，学生与宪兵一场争夺战便由此开始。十时一刻，早已等候在国民政府的部队和便衣打响了第一枪，接着全市响起了枪声。无数人受伤流出了鲜血，大批手持警棍的宪兵冲进人群，对手无寸铁的示威者进行殴打、践踏和逮捕，许多青年人倒在血泊里。当时，被打伤者五十余人，重伤三人，失踪四十余人。

这便是震惊全国的"五·二〇"惨案。

案发后金女大学生自治会召开全体大会，决定罢课和发表宣言书。吴贻芳与学生自治会慰问了"五·二〇"受伤同学，之后又与金陵大学、中央大学到国民党中执委青年部抗议，要求释放被捕学生。

案发当天，国民参政会四届三次会议正在南京开会。消息传到会场，许多参政员指责政府滥用武力，镇压爱国学生运动，要求立即惩办肇事者和打人凶手，用和平方式解决学生提出的合理要求。

在国民参政会的午餐会上，作为参政会主席之一的吴贻芳与蒋介石同桌落坐。此时她已得知发生的事件和金女大学生罢课的消息，心里焦燥不安，对吃饭已无兴趣。席间她询问蒋介石案发情况和如何处理此事。然而蒋介石佯装不甚了解，说此事是一般治安问题，应由有关部门去处理。对于蒋介石这种敷衍塞责的态度，吴贻芳大感失望。她认为，此事是民生的重大问题，也是参政员的职责，京城发生了这么大的事情，警察厅长难辞其咎，于是她向蒋介石提出调离警察厅长的意见。蒋介石听后先是一怔，继而反问吴贻芳是何原因。

吴贻芳说："那些警察不仅不维持秩序，还对手无寸铁的学生大打出手，有的学生躲进路边的水果店，警察还对学生穷追不舍，揪出来殴打，这不是警察长的职责吗？"

蒋介石听了很不高兴，插嘴说："警察是为了维护公共秩序嘛，近来一些学生也闹得太不像话了，一个国家的首都总不能没有正常的生活秩序嘛！"

吴贻芳又问："维持秩序怎么还全副武装出动？金陵大学学生刚出校门，那些武装人便对空鸣枪，这是怎么回事呢？"

餐桌上举坐皆惊，吴贻芳的追问，使蒋介石不知如何是好，手都有些发抖了，生气地说："这些学生都是被共产党利用的，不把那些共产分子从学校赶出去，学校是没有法子办下去的，学生也无法好好学习。"

此刻吴贻芳不再说话，她默然起身，一言不发地离开了餐会厅。

吴贻芳与蒋介石餐会上争吵的事，很快就传了出来，沪、宁两地新闻很快便作了报道。社会各界纷纷议论，连吴贻芳这样的教育界无党派人士都对国民党当局提出了尖锐的批评，这不是蒋政权一种败落的征兆吗？

在严酷的事实面前，吴贻芳突然明白，这个国家是不可能依靠国民党来实现和平、民主和自由的，更不可能在蒋介石领导下走向繁荣富强。如此独裁统治之下，她的教育救国思想也不可能实现。

这一年，吴贻芳是在惊魂不定中度过的，她想的最多的是学生的安全。所幸金女大第二十九届（四三级）毕业典礼时，毕业学生多达六十八人，是历年之最。同样，九月开学时，在校学生已达四百四十多人，加上附中生，金女大学生有八百之众，也是历年学生人数之最。在这同时，吴贻芳在结束了成都乡村服务处以后，又在南京附近的江宁县淳化镇新办了乡村服务处，也开始办班招生。虽然这一年有一些不平静的事件，令她心中不爽，但作为一个教育工作者，"两个之最"却令她心生安慰。这么多学生走出校门，服务于社会，她觉得日夜辛苦没有白费。

一九四八年五月，国民党召开了"行宪国大"，全国形势不容乐观，国民党军队在东北、华北、华东战场连吃败仗。上海发生了"同济血案"和"申九惨案"，成都各大学千余学生举行了"反内战、反饥饿、反军粮"的请愿游行。吴贻芳本能地产生一种不祥预感，作为一校之长，她深知政治的黑暗和诡谲，因而内心充满着忧虑和矛盾。一方面她要执行有关规定，另一方面又要保护学生的安全，为此她希望学生安心读书，不要过多介入政治。然而，国民党的独裁和白色恐怖，又令学生不能安于现状，待在校园读书，这就形成了矛盾。据金女大学生、中共地下党支部书记王粹珍回忆：

> 抗日战争胜利，学校从四川成都复原回到南京后，内战的烽火迅速燃遍大江南北，人民陷于水深火热之中，金女大的一部分学生开始不满足于闭门读书的生活了。她们和北京、上海等其他大城市的大学生一样，关心国事，要在中国走向何处的问题上表示自己的意见……在这种情况下，校长对学生的保护多于对学生

的理解，常劝说她们：你们的父母兄长把你们交给我，我有责任保护你们，如今外界情况很复杂，你们出了什么事，对你们自己，对学校都是不好的。学校对学生的活动也开始层层防范。渐渐地，一部分学生和校长不那么融洽了。当时，我也是与校长对立的学生中的一个。

就在这对立的同时，在某些事情上校长表现出来的教育家的风范，我一直铭记在心。

这便是那个时期吴贻芳矛盾心态的写照。

五月二十一日，南京市大中学生举行了声势浩大的游行，来纪念"五·二〇"惨案一周年。金女大历史系学生、中共地下党员洪范后来回忆：

一九四八年，南京大学生举行了"五·二一"游行，我们也走出校门。我们是南京市唯一的女子大学的大学生，尽管多数出身豪门，但我们是民主青年，我们有"五四"的传统，我们要站在斗争的最前列。在吴文安、王粹珍、王端一、李振坤等同学的领导组织下，我们罢课，我们高举横标，喊着反对内战，争取民主权利，还我战友的口号上街了，金陵女子文理学院的同学终于汇合进浩浩荡荡的南京学生争民主、争自由、争取新中国的队伍里来了。热情昂扬的游行队伍出发了，另一些不关心政治的同学趁机回家，校园里顿时清冷下来。这时，不知校长在哪里，她在想什么？前几天，她在全校的集会上亮过相：要求同学不要过问时局，不要介入政治运动，口气有点严厉。
我记得王端一当场还顶了她几句，她很冷静，没再说
下去便散会了。现在我们违背她的训导，她将怎样对
付我们？我和几位大个子同学负责送饭送茶水给第一
线的同学，嘴上没说，可心里老担心校长会不会亲自
出来责难？会不会派管学生的老师干涉阻拦我们？同
学们在大太阳下又饥又渴怎么办？我们真的担心了，
整个"五·二一"期间，校长没出面，也没有委派人
来说点什么，我很奇怪校长这么快就改变了看法。很
多年以后，直到今天，我才理解校长当年想法。

然而，让这些参加游行的同学没有想到的是，吴贻
芳风闻金女大也有一些学生上了黑名单，吴贻芳怕国民党特务前来抓
人，便立刻驱车到教育部，亲自找到次长杭立武，义正辞严地
说："金女大作为国际知名的女子大学，从大革命以来，军警就
没有进入过学校。为了金女大的尊严和声誉，军警宪特不得到
校随便捕人，有什么事由我承担全部责任。"

金女大确有中共地下党组织活动，学生也参加了历次学生
运动，但直到解放，国民党特务没有到学校抓过一个人，党的
地下组织也没有遭到破坏。所有这些，应该归功于吴贻芳对学
生的关心和保护。

三　决绝蒋家王朝

受命运之神眷顾，冬天和春天一同降临到金女大的校园。

便是在这个时候，蒋介石政权遇到了"塔西佗陷井"危机，他的政府失去了公信力，反饥饿、反内战运动如火如荼，势如破竹，蒋介石的军队在战场上节节败退，南京独裁政权的败局已定，倒台只是时间的问题了。面对蒋王朝大厦的倾覆，不同的人自然做出不同的抉择。作为国民参政会参政员的吴贻芳，早已看到了这个政权的败象，她当然明白"零和原则"的道理，大势难违，为天地立心，为生民立命，是她不二选择。她静观事态发展，应对着突然而至的事件，不急不慢地等待着过程的终结。

一九四八年十一月五日，是金女大建校三十三周年，也是吴贻芳任校长二十周年，学校举行了隆重的庆祝活动。第二天晚上，学生们自编自演了歌颂吴贻芳的话剧《我们的舵手》，剧场之活跃，场面之热烈，使吴贻芳流下了激动的泪水。然而，就在校庆过去没多久，学校召开了年度的校董会，部分董事提出，为了学校前途，建议把学校迁往台湾。吴贻芳断然拒绝，并以齐鲁、燕京大学为例，去说服校董成员，学校最终未有搬迁。

蒋介石因战场失利，被迫宣告"引退"，由李宗仁代理总统。不久，行政院长孙科宣布内阁总理辞职，李宗仁委任何应钦重新组阁。在讨论内阁成员人选时，张治中向何应钦建议，由吴贻芳出任教育部长。张治中说："吴贻芳在国内外享有盛誉，又是教育专家，治理金女大二十年，成绩斐然；她又是基督徒，没有党派背景，在这多事之秋，出任敏感的教育部长一职，是最合适人选。"

何应钦很赞同张治中的意见，但考虑以前吴贻芳拒绝过这一职务，心中不免有些担心。

张治中说，以前是以前，现在是现在，情况变了，人的想法也会变化。以前是蒋先生当权，今天是李先生主政，虽然她接任的可能性小，但也想不出比她更合适的人了。我们不妨试试，我陪你亲自走一趟。

何应钦同意张治中的建议，在一个黄昏，二人驱车来到金女大吴贻芳的住处。不巧的是，吴贻芳外出未归，在一个外籍教授安排下，两人在客厅饮茶等待。

吴贻芳从外边回来，一进客厅见二位高官来访，不免心生诧异。虽说他们是老熟人，公开场合经常见面，可今天找上门来还是首次。没有大事不登门，吴贻芳与之寒暄之后，何、张二人笑着说："是有喜事来请你啊。"于是何应钦把他们的想法告诉了吴贻芳。

吴贻芳思考片刻，笑说这样的重任她可担当不了。她仍以离不开金女大为由，谢绝何、张二人的邀请。吴贻芳早已看清大势所趋，她不愿与这个寿终正寝的政权为伍了，更谈不上再去当什么教育部长。

她依然故我地再次拒绝了担任教育部长一职。

一九四九年四月一日，国共双方谈判在北平举行，国民政府和谈代表团张治中、邵力子等一行十五人抵达北平。

这一天，南京的中央大学、金陵大学、政治大学、金女大、戏剧专科学校等十几所大学的师生联合举行了"争自由、争民主、争和平"的示威游行。事前，吴贻芳听说国民政府当局可能要用武力镇压学生游行，便以校方名义进行劝阻，但未能奏效，许多学生也对吴贻芳的做法产生反感。吴贻芳没有办法，只好默默地走出礼堂。

这次大游行，金女大百分之六十的师生都参加了。金女大的学生郑小瑛、邓敬苏扛着"反饥饿，反内战，争生存，争自由"的横幅标语走在队伍前头。她们与其他院学师生们一起，强烈地要求国民党当局接受中共八项和平条件。这天下午，大批军警特务突然冲进游行队伍，对手无寸铁的学生大打出手，造成二人死亡、百余人受伤，多人失踪的惨案，伤亡学生多是中大、政大和戏专的学生。

第二天一早，吴贻芳和学校工作人员一道，手持鲜花，带着食品到鼓楼医院前去慰问受伤学生。她一一询问学生伤情，亲手给重伤学生喂水，并请求医护人员精心为他们治疗。吴贻芳的举动和国民党当局的行径形成了鲜明的对比，许多学生感动得号啕大哭。直到这时金女大的学生才明白，吴贻芳的劝说并非要压制她们的爱国热情，而是怕她们发生意外。大家为曾经的误会深感内疚。

王粹珍是金女大社会学系的学生，她一九二七年出生于山西，父亲王绍成是政府官员，外公是考试院院长贾景德。一九四七年她考入金女大后积极参加学校的进步活动，入党后被推选为金女大地下党支部书记，她没有听从父亲和外公的劝说随家人到台湾。全国解放后，她先后在团中央学校部、《中国青年报》工作，曾任副总编至离休，一九九二年因癌症病故。她在《怀念校长学习校长》一文中说：

　　　　一九七九年，她的母校，美国密执安大学，褒奖她在教育事业上的贡献，授予"智慧女神"奖。在赴美之前，路经北京，她特意召集了金女大在京的学生

座谈。她说，自己年事已高，做不了多少事了，金陵
女大有不少校友在美国，她要趁此赴美之机，看看校
友，向她们介绍新中国，介绍新中国的妇女解放；她
还要与她的学生回顾金女大的教学生活，为之她要先
听听学生对学校的意见。言下之意，这段时间的学校
工作似有了检讨之处。

　　校长以八十六岁的高龄还检讨自己过去的工作，
这深深感动了到会的校友。尊敬不如从命，只有诚恳
地道出自己的看法，才不辜负校长的良苦用心。于是
郑小瑛、程式如、曾曼西、何乾之和我，当时的学运
积极分子都坦诚陈词，对当时学校的学术空气、政治
气氛和对学生的管理等说了自己的看法。

　　校长认真听着、听着，浸沉在对过去的回忆中。
"是呀！一九四九年'四·一'前夕，我去劝阻你们不
要出动游行，我站在礼堂的讲台上，我第一次感到我
的话在学生中的作用不如过去了，学生不听我的话了；
《团结就是力量》的歌声那样激昂，经验告诉我，我无
能为力了，于是我自动走下讲台，走出礼堂。"校长说
到这里，师生相视，会心地笑了。这几十年后的师生
心心交流感人之深。校长笑得是那样爽朗。可能，这
段往事，她已默默回忆多少次了，今天她却讲给了当
年不听她话的学生听。这既是她对自己无情剖析，也
是对自己的人生道路自信自重的表现，她已超越了当
年的那个"自我"，更上一层楼，达到了无我的境界。
这时，我看到了一个透亮的灵魂。

　　这个推心置腹的座谈，早已冰释了师生的前嫌，成为岁月河流中一朵小小浪花。

　　北平和谈破裂后，南下的解放军突破长江天堑，南京政权危在旦夕。

　　四月二十二日上午，南京城内国民党特别军话台突然接到杭州方面的电话。电话局问谁来的电话，有何事情。对方的回答是宋美龄，要求立即接通金女大校长吴贻芳的电话。电话局不敢耽误，立刻接通了吴贻芳办公室的电话，并提醒这是蒋夫人宋美龄的电话，有要事要与吴贻芳校长通话。

　　吴贻芳得知是宋美龄的电话，已大体猜出其用意。她沉思片刻，悄悄对身边工作人员说："告诉她，吴贻芳不在。"十时左右，宋美龄的秘书又接通了学校办公室的电话，并说有急事要与吴校长通话，望工作人员务必找一下吴校长。在吴贻芳的授意下，工作人员佯装找了一会儿，仍说吴校长不在。

　　宋的秘书没有办法，只好找了军话台负责人，让他尽快转告吴校长："蒋夫人已令南京空军总站，务必请吴校长速搭空军飞机离宁。"

　　吴贻芳平静地告诉军话台负责人："我不会去台湾的，我离不开金女大。"之后她以为此事就此了结，没想到事情这么难缠。这一天下午四时，蒋介石的一名随从副官坐着一辆小车来到吴贻芳的门口，副官跳下车马上要见她。正巧吴贻芳在卫生间不便接见，由保姆晋桂芳出面接待了这位副官。

　　他交给晋桂芳一封信和一张飞机票，要求她立刻交给吴校长，并请吴贻芳马上看完信予以回答。

　　晋桂芳看到事情如此紧急，一面请来人坐下，一面将信与机票送到卫生间，吴贻芳看完信，沉默了一会儿，对晋桂芳说："你把飞机票退给他，就说信我已看过了，票请他带回去，并请他转达我的意思，我离不开金女大，离不开金女大的学生，实在不能走。"

晋桂芳按着吴贻芳的交待给副官说了一遍，把机票还给了他。这位副官没有再纠缠下去，接过机票便乘车离开了金女大。

远处，传来了解放军隆隆的炮声。

古人说："为政以德，譬如北辰，居其所而众星共（拱）之。"历代高明的统治者皆知道"兴勃亡忽"这句名言，道之以政，道之以德，民才能齐之以礼，居其所而拱之；反之，则"不暇自哀"。蒋介石大陆统治的失败，正是走了一条为政不仁的老路，最终退到一个海岛上度完了他的余生。

得人心者得天下，这是谁都明白的道理。吴贻芳身处那个时代，亲身经历了这个政权的独裁、腐败和危机，这真是一个大厄，要走出这个大厄，必须超越自我，超越时代，才能拨云见天，独标人格的激情之光。

人的一生或许有过许多次决绝，但在关键时刻吴贻芳做出了关键性的决绝。这样的决绝才是伟大的决绝。正是这样的决绝，让人们看到她灵魂深处闪耀着的那缕永恒的光芒，大智慧的光芒。

第六章　共和国之初

一　新生活的变奏

　　这是江南油菜花灿然开放的季节，这是热血贲张驱赶魔鬼的季节。

　　一九四九年四月二十日晚，共产党最高统帅部接到南京国民政府拒绝接受《国内和平协议》后，第二天毛泽东、朱德同志便发布了《向全国进军令》，人民解放军经过中原逐鹿、淮海大战，以胜利之师呼啸前行，已建都南京三十年的国民党政权，倾刻便末日降临了。

　　集结于长江北岸一百二十万解放军官兵，在那个春雾缭绕的夜晚，打响了著名的渡江战役。在百余公里的江面上，只见千帆竞渡，乘着夜色扑向南岸国民党守军的滩头阵地，最先突破敌人防线的是华野二十七军"渡江第一船"，而从浦口方向进入国民党总统府拔下青天白日旗的则是华野八兵团三十五军的官兵。

在解放军渡江战役打响的二十二日清晨，李宗仁、何应钦、白崇禧分别乘专机到杭州面见蒋介石，一番商谈之后，傍晚又乘各自专机飞回南京、上海、汉口各自驻地。

二十三日凌晨，在京沪杭警备总司令汤恩伯的电话催促下，李宗仁乘专机离开南京去了广州。十一月二十日，又从南宁飞往香港。

此时，南京的城防部队早已跑得无影无踪，城内的警察也已脱下制服，不知躲到了哪里。而官员们居住的洋楼洋房，早已空空如也，只剩下看守房子的仆人。

城内大规模的骚乱开始了。

首先遭到洗劫的是国民党高级官员的豪宅，那些败退下来的国党兵也涌入城里，肩扛车拉搬走剩下的桌椅、沙发、地毯和各种家俱。江边的油库、军火库也起了火，炸声四起，浓烟滚滚，城内城外一片混乱。

南京各界自觉联合起来，成立了临时治安维持委员会，公推原西北军退役将领马青苑为主任委员、金女大吴贻芳为副主任委员等十三名成员。他们紧急开会研究如何维护交通秩序、贴安民告示、欢迎解放军进城和给中共领导人发去电报等事宜。电文的内容是：

毛主席勋鉴：

南京守军于二十三日撤退。南京人民为安全计，联合各界发起组织治安维持委员会，推青苑为主任委员，贻芳为副主任委员，及委员十三人，地方尚称稳定。恳请电饬京陵外围野战军，对南京予以和平接收，以慰民望。何日入城，并请电示，以便欢迎。南京治安维持委员会主任委员马青苑，副主任委员吴贻芳及委员等同叩梗酉。

根据治安维持会的意见，南京市大街小巷张贴出布告，一队队扛着治安维持会的大旗在街上巡逻，暂时维持南京市的社会秩序。

四月二十三日上午，解放军大部进入南京城，南京市民把茶水倒进他们的瓷杯、瓷碗里，各大学和金女大学生唱着"解放区的天是明朗的天"的歌声，工人、市民、店员拿着小红旗，齐拥到大街两旁欢迎解放军的到来。

吴贻芳也加入到欢迎队伍之中，望着这些朴实亲切的士兵，她看到了中国的希望和未来，那张饱经沧桑的脸上露出了久违的笑容。

一九四九年五月二日，金女大的吴贻芳、金陵大学的陈裕光，一起受到了刘伯承司令员和陈毅司令员的接见。两位首长表示，两所大学有不少美籍教师，共产党部队反对美帝国主义，但并不意味着反对友好的美国公民，只要他们不反对共产党政权，我们就欢迎他们继续在华执教。两位共产党领导人平易近人、尊重民意、重视教育的态度，给吴贻芳留下了深刻印象。

五月十六日下午，南京市军事管制委员会、中共南京市委、南京市人民政府，邀请了南京市经济、文化、教育、科学界等知名人士和社会贤达参加座谈会，会上大家畅所欲言，各抒己见，纷纷为建设新的南京献计献策。市长刘伯承，市委副书记宋任穷认真听取了各界人士的意见。吴贻芳作为社会活动家和教育家应邀到会。她在发言中热情表达了欢迎解放军进城、赶走国民党反动政权的心情，畅谈了今后南京建设的看法，最后激动地说："作为一所专门培养高级妇女人才的金女大，愿意在尊重信仰自由的原则下，为人民服务，在中国共产党的领导下，继续为国家教育事业出力，为社会培养急需人才。"

九月二十一日，吴贻芳作为特约代表，赴北京参加中国人民政治协商会议第一届全体会议。这是一次具有历史意义的盛会，也是中国人民一次团结的大会。在这次大会上，制定了一系列历史性文件，决定了新中国首都所在地、国旗和国歌。所有这一切都使吴贻芳感到自豪又陌生，百年来中国人民遭受的内忧外患和种种苦难，将成为真正的历史，一去不复返了。

一九四九年十月一日，中华人民共和国开国大典在天安门广场举行。吴贻芳佩戴着代表的红色标帜，和来自全国的代表一起，站在天安门观礼台参加了这一盛典，见证了毛泽东主席亲手升起共和国第一面五星红旗，并以恢宏的气度向全世界庄严宣告："中华人民共和国中央人民政府今天成立了！"无数革命先烈、仁人志士为之英勇奋斗、流血牺牲，亿万人民群众长期翘首期盼的新中国诞生了。中国人民从此站起来了！此刻，吴贻芳在观礼台上情不自禁地流下了热泪。她望着天安门前游行的队伍，在音乐的伴奏下，威武雄壮地走过天安门前，接受中央领导同志的检阅。直到这时她才感到，只有在新中国，她的"教育兴国"愿望才能真正实现。

随着中华人民共和国的建立，国际、国内形势发生了重大变化。正当中国共产党领导全国人民恢复战争创伤，建设自己的家园，实行土地改革、镇压反革命，发展生产等事业开展得如火如荼的时候，一九五〇年六月，以美国为首的"联合国军"悍然发动了侵朝战争，直接威胁到中国人民的安全。经毛泽东、刘少奇、朱德等中央领导同志反复讨论，最终作出"应当参战，必须参战，参战利益极大，不参战损害极大"的决定。在十月十九日平壤陷落的当晚，中国人民志愿军唱着炮兵第一师二十六团五连指导员麻扶摇作词、周巍峙作曲的《中国人民志愿军战歌》，雄赳赳，气昂昂，跨过边界鸭绿江，赴朝作战。

朝鲜战争的爆发，导致了中美关系的恶化。抗击美帝国主义侵略的声浪立刻传遍了中国大地，许多中国青年报名参军，保卫胜利果实。金女大也不例外，化学系的钟玉征、音乐系的李锦华、中文系的李帼熊等三十多名学生报名参加了中国人民志愿军，学校为她们举行了隆重的欢送仪式。

一九五〇年十一月十四日，金女大医预科学生李芸本、社工系学生李振坤、朱文曼分别写信给学校学生执委会，揭露美籍教授费睿思在讲授英文、社会制度和现代社会学说课程时，散布攻击中国人民志愿军抗美援朝的错误言论。学生会很快公布了这些信件，之后学校各科系纷纷展开讨论，随即金女大开展了"抗美援朝，保家卫国"的宣传教育活动。十二月二日，《新华日报》发表文章，揭露批判了费睿思的言行，南京市各校代表七百人参加了金女大举行的"反侮辱、反诽谤控诉大会"。第二天，南京市六十多所大中专院校发起声势浩大的声援金女大活动。金女大学生也发表了告全国同学书，并组成控诉队，分别到南京其他学校控诉美帝国主义文化侵略的罪行，还与金陵大学组成代表团，赴沪、杭、苏三地学生继续控诉美帝罪行，扩大影响。

十一月十四日，《人民日报》为金女大事件发表了题为《进一步展开反帝爱国运动》的社论，开展了全国性大中学校师生反美爱国运动。金女大以时事政治学习为中心，每周安排一次时事教学，有专人负责主讲。内容是，第一单元：美国侵华历史；第二单元：美帝真相；第三单元：两个世界两个阵营；第四单元：新旧中国；第五单元：认清当前形势，进一步擦亮眼睛，认清美帝国主义的本质。

与此同时，美国方面也作出了使中美关系进一步恶化的行动。

十二月十七日，美国政府宣布冻结中国在美国的全部财产，没有特别许可，不得把资金汇到中国大陆。这样，原来靠美国资助的中国教会大学，经济来源便发生了危机。金女大是最为突出的一个，学校日常经费有三分之一来自美国史密斯女子学院对口支援。时间一久，经费便出现了问题。

中国政府考虑到这种情况，立刻公布了《关于处理接受美国津贴的文化教育救济机关及宗教团体的方针的决定》，金大、金女大师生坚决拥护政务院决定，并发表宣言和致电周恩来总理。

美国教会联合托事部来电，要求金大和金女大派代表到香港洽谈经费问题，表示尚有商量的余地。对此这两所学校师生通过决议，坚决而彻底断绝与美国教会的联系，对来电不予回复。

这一年冬天，吴贻芳任"中国人民保卫世界和平委员会"委员，并当选为"华东抗美援朝总分会"筹备委员会委员。

一九五一年一月，中央人民政府发出指示，教会大学如果无法自筹资金，可由中央政府提供资金，将私办改为公办，清除美国在大学的影响。九月，金女大经吴贻芳提议，华东军政委员会教育部批准，金女大与金陵大学合并，成立以李方训、吴贻芳、戈福鼎、樊庆笙等十五人组成的新金陵大学校务委员会，李方训任主任委员，吴贻芳任副主任委员。

新的金陵大学设文、理、农三个学院，理、农两学院在原金陵大学，文学院在金女大。

一九五二年七月，全国高等院校进行院系调整，成立综合性大学和分科学院。按照华东地区院系调整方案，南京地区只设一所综合性大学，即南京大学，校址在原金陵大学。另外设立多所分科学院，他们是工学院、师范学院、农学院、林学院、华东水利学院等。

新组建的南京师范学院，校址在原金女大旧址。他们以原金陵大学师范学院和金陵大学部分系科为主，再加上私立上海复旦大学托儿专修科、私立广州岭南大学社会福利系儿童福利组、南京师范专科学校数理班合并而成，由吴贻芳、陈鹤琴、高觉敷等组成南京师范学院筹备委员会。

新组建的南师院设中文系、数学系、理化系、教育系、幼教系、音乐系、美术系和生物地理专修科，附设工农速成中学、幼儿师范学校以及大石桥小学、大石桥幼儿园、五台山幼儿园。

十二月五日，政务院教育部任命陈鹤琴为南京师范学院院长，纵瀚民为第一副院长，吴贻芳为第二副院长。紧接着，华东军政委员会教育部通知，鉴于吴贻芳另有任用，免去其第二副院长职务。

二　银河落天尽星光

随着国家政治和教育制度的变革，金女大从一九一二年筹备创办，到一九五二年国家院系调整，走完了她整整四十年的不同寻常的教学历程。

一九八二年，南京师范学院推举吴贻芳为名誉院长。翌年，她以九十高龄的年迈之身，深情地写下了《金女大四十年》一文，见证了她与金女大不离不弃的成长历程。她在"金陵女子文理学院毕业生系科人数统计表"中写到，从一九一九年第一届五名毕业生始，到一九五一年三十三届止多科毕业生共计一千名。这些毕业同学遍及华夏大地，硕果累累，人才辈出，在各条战线上为国家、为社会做出了杰出贡献，校友中有生物学家、海洋学家、医学家、女将军、音乐指挥家、歌唱家、教育家、全国妇联领导等，她们的名字灿若星辰，在历史的天空中熠熠生辉。

据不完全统计，将曾在金女大就读过的，为国家和人民做出突出贡献的同学个人情况做出如下简介：

徐亦蓁，金女大首届文科毕业，留美获教育硕士。一九二八至一九三八年任金女大校董会主席，联合国妇女地位委员会中国代表，金女大旅美校友会第一任会长。

严彩韵，金女大一九二一年理科毕业，留美哥伦比亚大学获化学硕士学位，北京协和医学院教授，美国埃拉马医学院教授，又先后在联合国儿童基金会、哥伦比亚大学人类营养研究所、纽约圣路加医院工作。

严莲韵，金女大一九二四年化学系毕业，后到安徽淮远女中执教。一九三六年她们姐妹四人提取父亲部分遗产向母校捐赠了一座小医院及设备。后担任上海基督教女青年会副会长。

刘恩兰，金女大一九二五年毕业并留校任教，后留美获自然地理学硕士，回国后创办金女大地理系并任系主任。后又入英国牛津大学获博士学位。全国解放后，先后在东北大学、哈尔滨军事工程学院、国家海洋局第一研究所任教，曾任国家海洋局教授兼顾问，是第一、二、三、四、五届全国政协委员。

邓裕志，金女大一九二六年文科毕业，英国社会服务学硕士，著名社会活动家。曾连任三届人大代表，六届全国政协委员，五届全国妇联常委，基督教女青年会全国协会总干事，中国基督教三自爱国运动委员会副主席，中国基督教协会顾问等职。

鲁桂珍，金女大一九二六年理科毕业，曾在母校任教，留英剑桥大学营养学博士，是英国著名科学家李约瑟的夫人，协助其丈夫研究并撰写了科学巨著《中国科技思想史》，并任两个分册的负责人。

吴懋仪，金女大一九二八年化学系毕业，燕京大学硕士，美国麻省剑桥越第夫学院化学博士，任金女大化学系主任。是我国著名有机化学专家，一九五六年当选"全国三八红旗手"。

何贻贞，金女大一九三〇年物理系毕业，后赴美获物理与光谱学博士，解放后与丈夫葛庭燧（中科院院士）回国，筹建了固体物理研究所，是著名的固体物理学家。

谢纬鹏，金女大一九三〇年中文系毕业，曾任基督教女青年会第一任总干事，民国政府妇联副主席，是二十世纪三四十年代中国女权运动领导人之一。

徐秀英，金女大一九三〇年生物系毕业，一九五六年与金女大在台校友创办"金陵女子高级中学"，并任第一任校长。中国台湾著名女教育家。

王明贞，在金女大学习两年后，又入燕京大学物理系学习，获学士、硕士学位，后回金女大任教。一九三八年入美国密歇根大学物理系，获博士学位。与其导师联名撰写了布朗运动理论论文，被评为"二十世纪上半叶物理学方面最有影响的论文之一"，先后在云南大学、美国诺特丹姆大学和清华大学物理教研组任教，被誉为"中国的居里夫人"。

刘家琦，金女大一九三二年生物系毕业，后又获北平协和医学院博士学位。毕业后一直从事眼科事业，走到哪里，便把医术带到哪里，成为了著名的眼科专家，是美国眼科学院国外委员。她年近八旬时创办了全国第一家小儿眼科医院，填补了国内空白。

张素我，金女大英文系一九三三年肄业，一九三五年赴英留学，随父亲张治中参加抗日，曾在北京外语学院、对外经贸大学任教。任第五至九届全国政协委员、常委。第六届全国妇联副主席，被授予"二十世纪的妇女运动史上记载着您创造的辉煌"特别奖。

胡秀英，金女大一九三三年生物系毕业，后到美国哈佛大学进修，获博士学位，哈佛大学树木园林终身研究员。获香港特别行政区"铜紫荆星"勋章，成为二〇一〇年度"感动香港"十大人物之一。

朱觉芳，金女大一九三四年社会系毕业，又获美国社会学博士。任吴贻芳参加联合国制宪大会专职私人秘书。曾在中国远东社会福利学院、金女大授课。

徐芝秀，金女大一九三七年中文系毕业，曾任奥地利维也纳大学中文教师，被授予"奥地利共和国金质功绩勋章"和教授学衔，对恢复中国在联合国地位、中奥和中美建交做出过重要贡献。

曾弥白，金女大医预科学习三年，毕业于东吴大学生物系，燕京大学研究生肄业。上海细胞生物学研究所研究员，曾获中科院重大科技成果一等奖，三次获"上海市三八红旗手"，是著名的细胞生物学专家。

李果珍，金女大医预科学习三年，北京协和医学院毕业后回校工作，后入美国芝加哥大学进修，是中国引进 CT 和 MR 技术的第一人；被北美放射学会和欧洲放射学会分别授予"荣誉会员"称号，是我国唯一获两个殊荣的专家，名字被载入"世界名人录"。

熊菊贞，金女大一九四一年生物系毕业，微生物学博士，美国耶鲁大学教授，美国病毒学会创始人，国际病毒学界知名科学家。获美国康州"最杰出人士奖"，是最具影响力的亚裔美国人。

方非，金女大历史系肄业，一九四一年一月"皖南事变"后到敌后抗日根据地工作。解放后任无锡市委宣传部长、秘书长。后调江苏省教育厅、高教厅任常务副厅长、党组副书记，省对外友协专职副会长。

彭洪福，金女大一九四三年化学系毕业并留学任教，南京中央大学硕士。解放后调入军事医学科学院，曾任高原医学研究委员会副主任，高山病防治研究室第一副主任，授中将军衔。她的科研成果获国家和总后多次奖项。

喜勋，金女大一九四三年体育系毕业，先后在南京、天津、河北师范学院、北京大学任教和大学生两操协会工作。多次担任国内外大型比赛总裁判长，为教育界做出特殊贡献。

谢恒，一九四四年入金女大外文系就读，上世纪五十年代起在中国外交部工作，先后在中国驻印度、英国、加纳、美国等大使馆工作，并担任秘书等重要职务，为外交事业作出了重要贡献。

茅于燕，一九四五年就读于金女大，从事儿童心理研究五十余年，中科院心理研究所著名儿童心理学家，先后获中国内藤国际儿童奖，美国传记研究所第三届特殊领袖才能奖和国际文化荣誉奖等。

李玉华，金女大一九四六年化学系肄业（患病致残退学），后坚守教育岗位，被评为全国残疾人"自强模范"，受到江泽民总书记、杨尚昆主席接见，事迹载入《中国当代教育家大辞典》等辞典。

吴玉清，金女大一九四八年社会系毕业，后赴加拿大麦吉尔大学修社会学硕士，五十四岁时再获美国南加州大学社会学博士，毕业后创建公益组织——中美金龄会，为华裔老年人权益辛勤奔走，获南加州杰出成就奖、人文学荣誉博士等多种奖项。

张才丽，金女大一九四九年生物系毕业，曾任天津医科大学教授、教研室主任，中国药理学会理事，多次获科技进步奖，天津妇联"三八红旗手"称号。

鲍蕙荪，金女大一九四九年音乐系毕业，分配到南京广播电台文艺组工作，因成绩突出，被评为"省优秀编辑"。一九五七年"划右"，重新分配工作后当过中学教师，"文革"再次受到冲击，全家被下放苏北农村，与他人合著了《小学语音教学法》，成了这方面的行家。平反后又回南京教书，撰写了《巧记英语2000单词》一书，被评为中学高级教师，任命为副校长，被省政府授予"省优秀教育工作者"称号。一九八六年调南京师范大学，参与筹建了金陵女子学院工作。省教育工会鉴于她一家三代从事教育，并各自取得了突出成绩，授予她家为"优秀教育世家"称号。

皇甫玉珊，一九四六年入金女大医预系（三年），一九五九年毕业于北京协和医院，在总后从事传染病医疗、教学和科研工作近五十年，被总后评为"一代名医"，是我军著名传染病专家。

赵钧鸿，一九四六年入金女大社会系就读两年，上世纪五十年代在香港投身幼儿教育事业，创办香港关心下一代工作委员会并任主席，先后获香港教育家年奖、宋庆龄幼儿教育奖等多种奖项。

孙家馨，一九四六年入金女大音乐系，毕业后到上海交响乐团工作。一九八一年到意大利罗马圣桑塔切契里亚研究院深造，回国后任上海乐团、中央乐团独唱演员兼教员，中央乐团社会音乐学院副院长。多次出国访问和考察，先后在北京、香港等地举办独唱音乐会。

郑小瑛，一九四七年入金女大生物系就读，翌年到解放区文工团工作，后保送中央音乐学院继续读书，毕业后留校任教，她是中国音乐家协会常务理事，新中国第一位交响乐著名女指挥家。

史慧中，一九四七年入金女大社会学系，毕业后任教育部教育研究所研究员，中国学前教育研究会理事长，世界学前教育中国委员会副主席。研究成果获教育部教育科学优秀成果一等奖。

洪范，一九四七年入金女大历史系，翌年加入中共地下党，到皖西解放区参加中国人民解放军，同年进军大西南。一九五五年任四川内江地区讲师团副主任，一九五七年"划右"，平反后参加组建内江师专外语系并任主任、党支部书记、副校长、党委书记，后当选四川省委候补委员，西南师范大学副校长、四川生殖卫生学院副院长，被授予重庆市"三八红旗手"称号。

鲁浩，一九四七年入金女大社会系，一度因故中断学业，一九五三年毕业于南师院幼教系，留校任系主任、研究所所长、教科院名誉院长、全国教育专家组成员、组长等职。获全国先进工作者、江苏省劳动模范、省优秀学科带头人等称号。

黄美之（学名费正），一九四七年入金女大历史系。父黄维国是国民党元老，母吴家瑛是中国妇女解放运动先驱。一九四九年随母去台湾，后被选为孙立人将军的英文秘书，受孙案牵连，蒙冤入狱十载，重获自由后随任外交官的丈夫游宦美国等外国使馆，开始了她的文学创作生涯。作品有《八千里路云和月》《流转》《伤痕》《不与红尘结怨》《欢喜》《深情》《世纪在漂泊》《沉沙》《烽火丽人》《马丁尼酒与野火》等，成为在台知名作家。

曹怡，一九四七年入金女大化学系，后到中国科学院从事有机光化学研究，并任第一任所长，为中国光化学和感光科学事业作出了突出贡献。曾任国际纯粹与应用学会国家代表，国际太阳能光化学转换与储存国际组委会委员。获一九七八年全国科学大会奖，国家级科技进步特等奖等多种奖项。

邓敬苏，一九四七年入金女大外文系，一九四九年又考入二野政治部文工团，一九五三年调总政文工团，"文化大革命"中到成都军区战旗话剧团，在多部话剧中担任重要角色。在全军第四届文艺会演中获表演奖、总政治部嘉奖等。退休后应聘四川师大任教授，因成绩斐然，被学校授予"贡献卓越奖"。

葛佶，一九四八年就读于金女大外文系，毕业后入外交部，先后在礼宾司和国际关系研究所任职，后任中国社会科学院西亚非洲研究所所长、杂志主编、系主任、首批荣誉学部委员、中国亚非学会、中非人民友好协会副会长等职，获"首届中非友好贡献奖——感动非洲的十位中国人"称号。

钟玉征，一九四八年金女大就读，一九五〇年参加志愿军入朝作战，后重返校园，一九五三年毕业于北京大学化学系，先后在北大、防化兵工学院、哈军工等院校任教。两度任化学裁军中国专家组组长，"全国三八红旗手"，第八届全国人大代表，授少将军衔。

戎霭伦，一九四九年入金女大化学系，后毕业于复旦大学物理系。先后任航空航天大学实验室主任、国际标准光盘技术分会专家组成员、工作组组长，清华大学光盘国家工程中心高级顾问等职。

查子秀，一九四九年入金女大教育系，后到中国科学院从事发展心理和教育心理学研究，先后任心理研究所发展心理研究室主任、超常儿童研究中心主任等。主编《儿童心理研究方法》《超常儿童心理学》《儿童超常发展探密》等多部著作。

沈韫芬，一九五〇年入金女大生物系，一九五三年毕业于南京大学，分配到中科院上海水生物研究所工作。一九六〇年获苏联科学院动物研究所副博士。主持全国二十二个省、区原生动物分类和区系研究，鉴定有二千种之多，三十五个新种。在《西藏水生无脊椎动物》中描述原生动物四百五十八种，百分之八十为新纪录，含十二个新种，被国内外同行誉为该领域经典。经过三十余年观察，揭示了原生动物群落结构与功能的演变过程。她的评价方法被国家技术监督局、国家环保局颁布为国家标准：《水质——微型生物群落监测——PFU 法》。一九九五年当选为中国科学院院士（学部委员）。

金女大这些学友所取得的辉煌业绩，像风一样在金女大和祖国大地迅速传播开来，为世人所称道。桃李不言，下自成蹊。她们成绩的取得，固然与她们的才、学、识以及创造性发挥有着密不可分的关系，但她们最初在学校打下的基础也是不可或缺的。这是她们的光荣，也是金女大的光荣，同时也深蕴着校长吴贻芳和她们的教授们的一份心血。

金女大造就的一代女中豪杰，将永远镌刻在祖国和人民的史册里。

种子总是在雨水中发芽，春天总是在梦里闪光。

三　花甲又履新职

早春的第一枝东风，吹绿了依山傍水的南京古老的城头。急来报春的是那一朵朵挂满枝头的梅花，最是按奈不住它们的急切心情，把艳丽的红，纯净的白，富丽的黄举过头顶，迭翠斗艳，暗香浮动，报告着岁月急匆匆的脚步。而那叶片的绿，还懒懒地蛰伏在梦中，静候着大地响起的雷声。

一九五三年伊始，江苏省人民政府成立。

在省政府第一次会议上，通过并报请中央人民政府政务院批准，任命吴贻芳为省教育厅厅长，吴贻芳不假思索，立刻走马上任。从此，她告别了工作和生活了二十五个春秋的校园。

这一年，她正逢花甲之年，已是六十岁的老人了。

吴贻芳上任后，召开了全省文教系统各级领导第一次扩大会议。根据当前形势和江苏省实际情况，认真贯彻中央提出的"整顿、巩固、重点发展、保证质量、稳步前进"的大政方针，会议重点讨论了小学、扫盲、业余教育、师资速成班、小学附设初中班和夜中学等五个整顿方案，还研究了完善教育工作发展规划等，较好地扭转了解放初期教育工作管理混乱、人浮于事的局面。

她深入教育第一线，到学校亲自听课，与教师座谈，调查研究，及时解决基层教育工作中发现和遇到的问题。她特别重视中小学师资队伍建设，在各种场合强调基础教育的重要性，而他的关键，是培养一支高素质的教育队伍。她亲自过问各类师范院校教学和招生计划，保证这个"工作母机"有足够数量的毕业生充实到中小学教育工作中去。

随着教育事业的发展，师范院校和中学教师都出现了"缺口"。她与教育厅其他领导共同商定，从现有中学教师中选出一批学有专长的教师，补充到高等师范任教，又选调三百名优秀小学教师，经过严格的短期培训，改任中学教师。这些应急措施，一举解决了长期制约江苏省教育工作的瓶颈，为全省普教事业奠定了坚实的基础，提高了中小学教育质量，也为以后江苏处于全国教育的领先地位，创造了必备的条件。所有这些，都凝聚着吴贻芳付出的心血。

吴贻芳还特别注意少年儿童教育。一九五四年五月，她在江苏省第一次少年儿童工作会议上的讲话中说："少年先锋队的活动教育与学校教育目的是一致的，因而在工作中应加强联系，密切配合。"她希望注意：第一，更好地关心少年儿童的健康与学习；第二，加强对少年儿童的爱国主义教育；第三，教育少年儿童热爱劳动；第四，培养少年儿童们的集体主义精神；最后，希望大家遵照朱总司令在第二次全国少年儿童工作会议上的指示，"以最大的热情来担负起这个工作，把我们新生的一代培养成为有健壮体质的、活泼、勇敢、诚实、爱劳动、爱学习、爱祖国和富有集体主义精神的人"，来认真教育祖国社会主义和共产主义的一代。

在教育工作中，吴贻芳还注意教师教学中出现的一些倾向性问题，及时给予指导和纠正。一九五五年五月，她在《教师应该对学生全面负责》一文中，对于某些教师中存在的"管教不管导"的问题，详加分析，指出这一问题的社会根源和错误思想。她说：

> 在这里，我们必须首先弄清楚的就是教师的责任是"教人"，而不仅仅是"教书"，人民教师所以光荣也就是由于这个缘故。而"管教不管导"这个论调的严重错误，就在于它是反映着只管"教书"，不管"教人"的错误思想。我们仔细一想，如果一个教师只是教书，而不管学生干了什么，不关心学生在课堂以外的情况，以致于他所教的学生中竟有某些人成为不合乎祖国需要的人，甚至成为社会上的犯罪分子，这对我们从事教育工作的人来说，是一个何等的讽刺！纵然有些事情并不是由于我们直接引起的，但是每个有高度责任感的人民教师，必定会理解到只有把"人"——年轻一代的人——教好了，才是真正地完成了任务，而教书、上课只不过是我们"教人"的工作的一个部分而已，既不是全部要求，更不是最终的问题。

吴贻芳把"教书"与"教人"作了哲学的诠释和概括，还把人民教师为祖国"育人"的责任提到至高无上的地位。毫无疑问，她抓住了教育工作问题的关键点，而不是权益之计，是教育工作者终身为之奋斗的目标。

一九五四年八月，吴贻芳当选为江苏省人大代表；九月，又当选为全国人大代表。

九月十五日，吴贻芳赴北京参加新中国成立以来第一届全国人民代表大会，来自全国各地的大会代表齐济一堂，共商国是。她深感人民的信任，决心履行好自己的职责，不辜负人民的盼望与期待。

大会开幕式在中南海怀仁堂举行。

下午三时，大会正式开始。中央人民政府主席毛泽东致开幕词，他气势恢宏的讲话，深深震撼了与会代表的心，不时被代表们的阵阵掌声所打断。散会的时候，毛泽东、朱德、刘少奇、周恩来等中央领导人走下主席台来，吴贻芳很有礼貌地让到一边。这时毛泽东主席向她伸出手来：

"请问大名？"

吴贻芳回答："我叫吴贻芳。"

毛泽东和蔼一笑："噢，你就是吴贻芳，金女大的，久仰大名，未见其人，今天总算见到了。"又问，"您现在在哪里工作？"

吴贻芳答："在江苏省教育厅。"

"好啊！还是搞教育。"毛泽东颔首微笑着告别了。毛主席的高大身影和非凡的气度，给吴贻芳留下了终生难忘的印象。

晚上她在招待所睡下后，心情仍难以平静，反复咀嚼着毛主席那几句话，毛主席怎么会知道我呢？于是她披衣下床，给二姨父陈叔通拨了一个电话，电话那端传来哈哈的大笑声："这有什么奇怪的，你在解放前可是个大名人啊！"

吴贻芳顿然醒悟：自己的名字解放前常出现报端和广播里，毛主席怎么会不知道呢？抗战初期，毛主席和自己都是第一届国民参政会参政员呢，想到此，她的心便平静下来。

一九五五年三月，吴贻芳经过申请，得到中国民主促进会中央批准，成为南京地区第三十六名会员。

中国民主促进会（下简称民进）创办于一九四五年，成员主要是中小学教育界和文化出版界的知识分子。一九四八年响应中国共产党的号召，参加了中国人民政治协商会议。

民进中央考虑到南京的区域位置，准备选择一位有影响的知名人士担任南京民进组织的领导人。民进总部对此非常重视，通过马叙伦、邓颖超、陈叔通等同志的交流，觉得吴贻芳是个合适人选。但他们知道吴贻芳最早就怀有"教育救国"之志，不参加任何党派组织，便有些担心，后来经过陈叔通等同志做工作，吴贻芳才答应了这个要求。三月十八日，吴贻芳写了加入申请，经民进中央批准，加入了中国民主促进会。

一九五五年四月十日，民进分会在南京上乘庵十六号院召开第一次会员大会，由吴贻芳主持会议，胡颜立做筹备小组成立工作报告。经选举，吴贻芳任主任委员，胡颜立、桂庆和任副主任委员，加快了民进南京地区各项工作的步伐。

在她的带领下，民进南京分会筹委会团结广大教师，扩大影响，促进教育科学研究，还吸引不少教师加入了民进组织。到一九五六年，会员总数已达二百五十六人，筹委会机关迁至太平路延龄巷二十九号办公。

一九五六年秋，民进中央考虑到江苏省内南京、苏州有了民建组织，但有些会员从外地调入江苏无锡、镇江、南通、扬州等地工作，于是着手筹备江苏民建组织。筹委会的准备工作期间，南京市筹委会和吴贻芳做了大量富有成效的工作。

在省委统战部的帮助下，一九五七年三月三十一日，民进江苏省暨南京市委员会在南京举行。吴贻芳致开幕词，中共江苏省委书记兼南京市委书记彭冲，民进中央副主席许广平到会讲话，上海市分会庄逸群到会祝贺，胡颜立代表市筹委会做工作报告，全会代表选举吴贻芳为省筹委会主委、民进南京市委主委。

一九六二年一月，民进江苏分会在南京成立，在这次代表大会上，吴贻芳当选为主任委员。之后她连选连任五届主委，民进中央委员会常委，为民进事业呕心沥血三十年，成为具有广泛号召力的旗帜性人物。

一九五六年八月二十四日，在江苏省人民代表大会一届四次全会上，吴贻芳被增选为江苏省副省长。这是江苏省有史以来的第一位女省长。

这之后，吴贻芳的工作更加繁忙，担子更加沉重了。她分管全省科学文化教育工作，有处理不完的日常工作、参加省内外会议和接待文化、教育、妇女等方面的来宾，每天的日程排得满满的。白天干不完的事，有时还要带回家里处理。

这年十月，她从几位留美归来的学生那里了解到仍然滞留美国的中国学生的思想和问题，于是致信香港《大公报》，以《致函在美留学生》为题寄语作答，介绍了新中国飞速发展的各项事业以及对各种人才的渴求，消除他们的疑虑，愿他们早日回国参加社会主义建设，为祖国的繁荣振兴作出重要的贡献。

十月十二日，江苏省优秀教师代表会议在南京召开。大会在交流了教学经验后，吴贻芳在大会上作了《总结和推广优秀教师的经验，为积极稳步提高教育质量而奋斗》的长篇报告。她首先讲了江苏普教事业的大好形势和遇到的问题，明确指出，要提高教育质量，关键在于提高教师素质这个根本。教师怎样才能提高呢？她说：

主要在于学习，离开这个是没有旁的道路的。可是，学习的效果常常是很不相同的。能坚持不懈，刻苦钻研，则"三年有成"；如果一曝十寒，不肯下功夫，则"七载无效"，这一次会议上很多教师的学习经验，都说明了这个真理……

教育质量的提高，教师必须掌握他所任课程的专业知识；同时，还必须有良好的教学方法。因此，我们号召教师认真钻研教材，切实改进教学方法，并且认真地创造与总结教学经验……

从出席这次会议的代表所创造的优秀事迹和总结的良好经验来看，已经为我们解决这些问题提供了方向和办法。只要我们团结广大教师进一步地发挥积极性和创造性，共同为上好课，教好学生，办好学校而努力，那么，我们的教育事业就会来一个飞跃，使现有质量和数量不能适应需要的情况，得到根本的改变。

吴贻芳在江苏省优秀教师代表会议上的讲话，对于提高全省的教学质量，无疑起到了至关重要的推动作用。

一九五七年九月，中国妇女第三次代表大会在北京召开，吴贻芳当选为执行委员会委员。

一九五八年四月，吴贻芳随中央妇委第三书记章蕴同志出席国际民主妇女联盟第四次代表大会。吴贻芳在会上作了《关于新中国儿童教育事业现状与发展》的讲话，用详细的数字和事实，讲述了新中国儿童教育的发展情况，受到与会代表一致好评。会后，吴贻芳随团访问了奥地利、波兰、匈牙利等国，六月回到南京。

一九六一年一月，吴贻芳当选为中国基督教第二次全国会议副主席，并连任中国基督教"三自"爱国运动委员会副主席。同月，吴贻芳又担任了中国人民保卫世界和平委员会江苏分会副主席。

一九六二年十二月，江苏省教育厅为改进中小学和师范学校教学工作而召开座谈会，吴贻芳百忙中又抽出时间参加会议，并以一个老教师身份作了《进一步提高英语教学质量》的讲话。她说：

> 听、说、读、写，在外语教学中一般称之为"四会"，"四会"之间的相互关系，现在外语教师都很明确，知道它们是紧密关系，不能割裂分离的。语音、词汇、语法，是外语中的三项基础知识，怎样才能使学生掌握语音、词汇、语法等三项基础知识，变成听、说、读、写的"四会"技能呢？这里，我个人认为，外语教学中所说的基础知识与基本技能，跟一般学科中的基础知识、基本技能的概念不一定完全相同。语言本身是一种工具，一方运用说、写，对方就要听、读，这样才能交流两方面的思想，否则便不成为工具，而在说、写和听、读之间，语音、词汇、语法是它的基本要素，其中少了一个，就说不起来，写不起来，也无法听和读。

吴贻芳认为，学习英语的关键是"练习"，只有反复练习，才能有效地掌握。

　　吴贻芳的二姨父陈叔通先生，因为年事已高，身体每况愈下，已不能参加国务活动。

　　全国解放后，陈叔通先生应周恩来总理邀请到北京工作，担任了全国人大常委会副委员长，家也迁到北京。由于两地相距较远和工作原因，他们不能常见。一九五七年陈叔通先生带家人来过南京一次，在吴贻芳家小住几日。她陪同二姨父一家游览了玄武湖、中山陵等名胜，还请二姨父品尝了长江里有名的野生大青蟹。一九六三年陈叔通先生和家人到北戴河度夏，吴贻芳从南京赶来作陪。其他大部分是借北京开会之机，才有时间到二姨父家看望，与表妹表弟相聚。

　　一九六六年冬天，吴贻芳突然接到表妹陈慧来信，告知二姨父病危，吴贻芳立即动身赶往北京看望护理，直到二月一七日二姨夫陈叔通病逝，终年九十岁。

　　吴贻芳一生多次罹难，都是在二姨父的关心和爱护下，从困境中重新站立起来，一步步走向成功。她终生心存感激，不忘二姨父的恩惠。因此，二姨父的死，无疑让晚年的吴贻芳，又一次受到心灵的撞击。

　　这一年，吴贻芳已届古稀之年，她怀着极度悲痛的情感，告别表妹表弟，踏上南去的列车。

第七章　"文革"劫难

一　风起地作浮

一九六六年，随着《人民日报》的《横扫一切牛鬼蛇神》文章的发表，北大聂元梓的"大字报"和"红卫兵运动"的勃起，迅速蔓延至全国各地，一场浩劫开始了。

在"文革"刚刚开始的时候，江苏省委、省政府还没有受到太大的冲击。考虑到吴贻芳的年龄和民主人士的身份，省委、省政府领导顶着压力，对吴贻芳给予力所能及的保护。但随着运动的不断深入，就连这些省里的领导也泥菩萨过河，自身难保，对民主人士也失去了保护能力。

六月十六日，《人民日报》登载了南京大学揪出了"黑帮"匡亚明的消息，造反派的矛头很快指向了吴贻芳、刘国钧两位副省长，大字报、大标语贴在了省政府的墙上。吴贻芳的名字还被红颜色打上了叉。

　　然而，吴贻芳不理会这些，每天仍然到办公室上班，批阅文件，处理公务。和许多人一样，对于社会上发生的一些反常事件，她也怀有一种困惑和焦虑，甚至不可理喻。她常常心里嘀咕："怎么一下子变成这个样子，这么乱如何是好，到底是怎么回事？"全党这几年坚决贯彻执行"调整、巩固、充实、提高"的方针，刚刚显出成效，三年困难时期也已经过去，一个明媚的春天正在到来，中国的建设和发展就在眼前，国家怎么又出现了"文革"，在她的心里实在难以接受。

　　没过多久，吴贻芳配备的专车被封存起来，不让坐了，跟随她多年的司机也被调走。当时，她给自己制定一条规定，不管如何，一定要去机关办公，尽管那里已无公可办。

　　此时，吴贻芳已七十三岁高龄，行动起来有些困难，跟随她多年的保姆晋桂芳想了许多办法，给她雇了一辆三轮车，早晚接送她到机关上班。时间一久，吴贻芳这笔开支便发生了困难。因为吴贻芳虽然拿着一级教授的工资，但除了她与保姆二人的生活费用外，她还要拿出一部分去资助亲友；特别是原金女大的校友，只要来信求助，她便慷慨解囊。有一段时期，她竟然同时帮助五个人。另一位在苏州的金女大校友生活困难，她听说后便让保姆每月寄去三十元钱，连续达半年之久。她的经济怎么能不发生困难呢？

　　一天上午，吴贻芳又从家里乘三轮车到省政府上班，一直到鼓楼广场时，一群穿绿军装的红卫兵拦住了去路。三轮车工人问什么事，一个红卫兵指着车上的吴贻芳说：现在到什么时候了，还摆资产阶级派头？吴贻芳知道没什么道理可讲，便下了车。

另一个红卫兵指着三轮车工人说：你坐上去，让她来拉你。三轮车工人看了看吴贻芳，又转过身对红卫兵说：我看就算了吧，我不再拉她，我们各走各的就是了。

红卫兵看吴贻芳这把年纪，便说让她自己去坐公共汽车，从此再不能坐三轮车上班了。

不久，机关造反派通知吴贻芳停止工作，去参加"毛泽东思想学习班"。她一到学习班，发现气氛不对头，有些人对待老干部态度十分粗暴。从此吴贻芳开始缄口不言，她早出晚归，学习班安排什么就做什么，然后静下心来去阅读毛主席著作。

过了一段时间，造反派又送她到农场劳动。安排的活计她都干不动，但她还是默默地坚持去做，尽最大的力量去完成，从不向造反派乞求照顾。

还有一天，保姆晋桂芳出去买菜，碰到省政府办公室一个熟人，告诉她省里某领导又被红卫兵揪斗打伤了。原因是红卫兵从他家里抄出了"黑材料"，你转告吴省长，赶快把那些书信、日记、书稿之类的东西清理一下，免得留着以后惹出不必要的祸端。

回到家中，晋桂芳将此事告诉了吴贻芳。

吴贻芳说："这个问题我也意识到了，只是没想到这么严重。"

于是，二人在家里认真清理起来。吴贻芳的工作多是"述而不作"，但她有写日记的习惯，记录着她多年的工作、生活和思想情况，还有那些圣经、外文等宗教书籍，这些都在清理之类。

她们把这些东西清理出来，在屋里成了一个小山丘，要消毁它真不是件容易的事。

二人关了门窗，在炉灶里烧了起来。然而烧了半天也未烧了几本。于是晋桂芳来到小储藏室，把那些材料放到一个小铁桶里，一页页撕了去烧，这样烧了一个星期还是没有烧完。后来二人商量，把未烧完的干脆不烧了，送给那个经常上门收废品的老头。

等了好几天才等到那个收废品的老头，晋桂芳把他叫上来，说有一张木板床送给他，顺便请他把那些书籍帮忙拉走。老头虽没说什么，很不情愿地把床板和那些书一起拉走了。

但是，让吴贻芳最担心的事情还是来临了。

八月中旬的一天，突然门外传来了一阵紧急的敲门声。晋桂芳打开大门，一下子涌进一大批红卫兵。他们告之是南师院附中的红卫兵，今天来破"四旧"。

一个叫武海星的领头人说要见主人，把屋里封、资、修的东西全部清除掉。晋桂芳说主人正在洗澡，武海星凶神恶煞地说赶快出来，我们马上就动手了。

此时吴贻芳已穿好了衣服，从浴室里走出来。她面对红卫兵的问话，自我揶揄说，我是大字报上写的吸血鬼，蒋介石的御用工具。

那个叫武海星的仿佛得胜一般，没有再与吴贻芳纠缠，命令红卫兵赶快查抄。

这些红卫兵立刻翻箱倒柜去找，从一个房间翻到另一个房间，不一会儿，房间被翻得一片狼藉，一些陶瓷器具也被砸坏了。武海星又指挥人把箱子、写字台和搜出的物品搬到楼下，由于晋桂芳不配合，被红卫兵罚她和吴贻芳站在一起，不准乱说乱动。这些人把东西装了一车，连收条也未打，一溜烟呼啸而去。

红卫兵走后，吴贻芳暗自庆幸前几天把"黑材料"处理了，不然非出事不可。她们到房间收拾查点，打扫卫生，已没有什么值钱的物品了。可惜的是，在吴贻芳有大事时才佩戴的用金子制成的螃蟹饰物，这次抄家也被抄走了。唯一幸免的是吴贻芳二姨妈生前留给她那颗红宝石戒指，吴贻芳之前交给晋桂芳保留，才得以保存下来。

过了几天，又来了一批红卫兵抄家，因没有抄到什么东西，便气急败坏地破坏起公家配给的家具来。

吴贻芳严肃地说："如果这些东西是我的个人财产，也就罢了，因为它是国家的东西，才不能任意糟踏。你们这么大了，爱护公共财务还不知道吗？"

吴贻芳的一番话，竟然使他们住手了，然后不声不响地溜走了。

外面的形势还在一天天恶化，省政府的许多部门瘫痪了，工作人员的工资开始不能正常发放，吴贻芳的生活开始感到窘迫起来。为了节约开支，晋桂芳到楼下开了块地种起菜来，以弥补生活不足。

九月下旬的一天，忽然门外又来了一批人。他们进门便说，你一个人怎么住这么多房子，我们要设立办公室，这房子我们征用啦！你们到下面厨房去住吧。

吴贻芳什么也没说，在晋桂芳的帮助下，把东西收拾好，便搬到楼下放杂物的小屋去住。此外，那帮人还强行让吴贻芳每月出六十元的办公费。

大约过了三个多月，那个造反派头头带人又对吴贻芳说，我们不在这儿了，换了个地方去办公，但每个月六十元的费用你还得出。就这样，造反派在傅厚岗十五号结束了他们设立的司令部。

吴贻芳和晋桂芳又把居室搬回到楼上。她看了看月份牌，时间已是一九七一年一月了。

二　蒙难石山头

林彪以战备名义搞了个"一号通令"，把一批老干部由北京疏散到外地。江苏省接到通知，也照此执行，把一批老干部下放到省内一些地区。

一九六九年十月，吴贻芳也接到通知，要带上自己的行李，一早到省政府大门口集合，乘车疏散到句容县北山脚下的石山头茶场进行劳动改造。

句容县在南京市东南四十五公里处，西汉长朔元年（前128年）始置句容县，解放后属南京市，一九八三年划为镇江市管辖。晋代道学家、医学家葛洪（284—363），号抱朴子，即句容人。东晋初年他任咨议参军等职，晚年辞官到广东南海县罗浮山修道炼丹，著《抱朴子》七十卷，在中国道教史上有重要意义。抗日战争时期，陈毅、粟裕、张鼎丞等在句容县东南的茅山地区建立抗日根据地，领导江苏人民开展抗日斗争。

石山头茶场在句容县城北约十三公里处，从明代起，就有"石山头，赤山腰，方山尾"之说。山如蟠龙，山顶有龙状大石头，山岩巍峨，有几分雄伟森严气势。北面正中是北山水库，两翼皆丘陵地带。西面是九华山、天王山、东面是观音山、仑山等，建有新四军韦岗战斗纪念馆。这里的山不高，大都在海拔三四百米。东面山下很早就建了茶场（即男女劳改农场），后来又陆续开办了制药厂、陶瓷厂等。

十月的江南已是入秋时节，天气一天天凉起来。吴贻芳和晋桂芳除行李之外，还要带上过冬的棉衣、棉裤，以及锅碗、暖水瓶等生活用品。这一切聚拢起来，真让二人发了愁，明天怎么弄上车去呢？

晋桂芳突然想起了原省政府一名保卫干事，这个人平时对吴贻芳十分尊重，但在"文革"时期愿不愿帮忙，她心里没有底。晋桂芳抱着试试看的想法，找到了这个干事的家。这个干事听后未加思索，立刻跟着来到吴贻芳住所。在这个干事的帮助下，很快将所带物品打成几个包，又对吴贻芳说："吴省长，我明天一早来送你们上车。"

第二天早上，这个保卫干事找了一辆三轮车，带着吴贻芳、晋桂芳和行李一起来到省政府大门口。

此时，这里已是熙熙攘攘，来的都是省里老干部和各界的知名人士，其中有吴贻芳共事的老友，工商业家、副省长刘国钧夫妇。然而，当他们的目光碰到一起时，相对却默默无言，谁也没有说一句话。指挥的人见她们来了，就安排她们上了一辆车子。

汽车开动了，先是向东南走，再拐弯向东，到了句容县城，又折转向北，过道人桥、下荫村、蒲塘头、船塘头、大卓庙、解巷，再向东北。大约走了一两个小时，汽车在石山头茶场（即石宕冲东西两侧）附近停了下来。

下车后，吴贻芳等人在茶场人的带领下，走了一段小路，在一排低矮的平房面前停了下来。一个干部出来说："房子门上已贴了各人的名字，大家按名字各就各位，以后就在这里劳动锻炼和改造思想。"

当吴贻芳找到自己的名字时，发现房子座落在山坡上，由于年久失修，门窗早已破损，四处漏风，关不严实。这天夜里，吴贻芳被冻得直发抖；晋桂芳想打点开水让她暖暖身子，可是热水早已没有了。二人没有办法，只好铺上被褥，围衾而坐。这一夜过得又冷又漫长。许多年后，晋桂芳还清楚记得吴省长噤若寒蝉，直打哆嗦的样子。

在石山头茶场的生活是吃食堂，定量供应，不得多吃，菜很少，早上多是咸菜，午、晚餐即使有菜，也少油无盐。造反派说，这是让你们这些人体验体验劳动人民的生活，增加对劳动人民的感情，有利于思想改造。

在茶场每天的工作是收拾场地、到地里除草，粉刷房子等体力劳动，还有必不可少的政治学习和斗私批修。对此吴贻芳都准时参加，干得极其认真，一丝不苟。

那时吴贻芳已是七十六岁的老人，造反派还让她干抬水、刷房子等活计。晋桂芳怕她出事，就帮她去做，被造反派看见连遭训斥。在刷房子时，吴贻芳弄得满身灰水，只刷了一部分就病倒了，晋桂芳赶快请假回南京买药和食品。经过一段时间的精心照料，吴贻芳才恢复了健康。

在石山头茶场劳动，是吴贻芳人生的一段劫难。在她体衰年迈之时，精神和生活折磨，给她带来双重的痛苦，甚至对生活感到迷茫和失望。过去因为工作繁忙，许多事没有时间回忆，如今闲下来的时候，许多往事一件件涌上心头。她一生迭遭坎坷，终生未婚，埋在心中的苦难，成了她晚年挥之不去的痛。

因为她的身份，不好向别人诉说，幸好她常对陪伴她多年的保姆晋桂芳说说，心里也轻松许多。

她谈起早年在武昌的家，让她有许多难忘的记忆。那是一个多么幸福和欢乐的家啊！有祖母、父母、姐姐、哥哥和妹妹。她的童年本是美好的，但由于父亲的投江自尽，使得家里连遭不幸。她说，当时父亲完全可以不自杀，二姨父陈叔通对她说过，父亲犯的那件经济案子并不很严重，二姨父也托人作了疏通。只是父亲自尊心太强，顾虑太多，于是走了绝路。这件事使她明白，生活中无论碰到什么事，绝不能自寻短见。有些人想不开，弃生而去，不仅死得不清不白，还给家庭带来难以预料的后果。

在夜深人静的时候，说起哥哥、姐姐的死和妹妹的失踪，是她久存于心的憾事。她总觉得对不起母亲和姐姐，没有尽到照看好小妹吴贻荃的责任，使她失踪。每谈到这些，她总是热泪盈眶，痛苦不已。

婚姻问题，也是吴贻芳和晋桂芳谈到的一个话题。

她说金女大早期常被人指责，毕业的女学生不适合中国社会的需要，她们受到高等教育后奉行独身主义。南京金陵大学的男生批评最甚，他们竟计算出金女大从一九一九年到一九二七年毕业生结婚率仅为百分之十六，还有百分之八十四的人，不知怎么办，声称"有知识的人不负传种责任，是一件大不幸的事。""在男性方面来讲，因为女生的招牌金贵，大都不敢染指，一则恐难以驾驭，再则恐难以供养"。

对此，前任校长德本康夫人毫不客气地给予批驳。她说，女大学生不嫁，那不是女子的错，而是"那些喜欢在家庭关系中高人一等的男士并不愿意选择受过高等教育的妇女"。

上述两方各持一端，各有各的道理。

吴贻芳则对金女大批评的回应要理性得多，采取不正面交锋的原则，用事实说话，做顺应式的修正。

金女大除吴贻芳之外，还有相当一部分女教师终身不嫁，如刘恩兰、张芗兰、吴懋仪等，外籍教师中也有一部分未婚。早期金女大毕业生中，由于种种原因，选择不婚的较多。金女大对婚姻问题抱相当包容的态度，不管独身或结婚，并没有感到什么压力。吴贻芳对自己为什么独身平时很少言及。

当时社会上奉行一种"贤妻良母主义"，认为金女大学生偏离了中国传统的轨道。到金女大作讲演的学者如华西大学社会学系主任李安宅、交通部次长张道藩等，也都对独身者持批评态度。金女大对此回应，首先表现在培养目标上，她们要培养的是有服务社会和专精学业的"妇女领袖"，而非传统意义上的贤妻良母。

对此，金女大地理系主任、解放后任国家海洋局顾问的刘恩兰，回应更是快人快语，她干脆犀利地说："都结婚，那什么人去做学问？"

化学系主任吴懋仪是个才貌双全、深受学生爱戴的老师，也是终身未嫁。一次师生在草坪上活动嬉戏，有学生问："你长得这么漂亮，为什么没有结婚？"她不仅没有生气，而且笑得非常开心。她认为，女性是否进入婚姻殿堂，完全是个人选择问题，独立的女性有自己选择的自由。

吴贻芳对婚姻的选择，也有她自己的苦衷。

一次，吴贻芳的一位好友与她谈话时认真地问她以前谈没谈过恋爱，有没有人向她求过爱，现在准备怎么办？

　　吴贻芳告诉她，自长大后家里发生了那么多不幸，我从来没有想过个人的事，起初只是为祖母和妹妹活着，后来全身心完成学业，根本无暇顾及婚姻问题。年轻时倒是有过一次，一个国民党官员给她写了一封情书，文笔朴实，字也很漂亮，但不知真心如何？她打算看看他的诚意。不久又来了第二封信，吴贻芳觉得需要再等待一下。第三封信确实来了，但那男士告诉她他已赴美留学，以后就杳无音信了。如今学校教育任务如此繁重，她主要是考虑办好金女大，为国家培养更多的妇女人才。她告诉那位好友，婚姻问题可遇不可求，那就交给命运吧。

　　早在建国之初，时任江苏省委宣传部长、后任中宣部秘书长的石西民同志，与她共事多年，比之小二十来岁，相知甚深，他曾问过她宗教和个人婚姻问题。在吴贻芳病逝后，他在悼文中这样说：

　　　　有一次我曾问她：为什么信仰宗教？你真的以为上帝存在？她回答十分坦率自然，大意是说：她一到礼拜堂里，参加一些活动，觉得感情有所寄托，道德精神也高尚起来，渐渐地也就成了习惯，这与迷信无关……

　　　　记得三十多年前，我还关心过她的个人生活，问她为什么不结婚。吴贻芳女士的回答使我明白：旧社会的门第，女博士的高名，大学女校长的身分，如何地妨碍她的婚姻，加上少女的自尊和矜持，终于把机会错过，而强烈的事业心则又如何使她把个人的事抛在一边，如此等等。

　　然而，吴贻芳对她的学生和教师结婚，都持赞成和支持态度，并报以衷心祝福，还多次为学生亲自主持婚礼，赠送礼品。

　　张治中先生的女儿张素我（一九三七级学生）回忆，她在一九四〇年结婚时，吴贻芳祝贺说："你现在成家了，跨进了一个新天地，肩上有两副重担，一是你对社会所负的责任，二是家庭负担。这两副担子，你都应该勇敢地挑起来啊！"

　　金女大教师梅若兰回忆：在一九四八级毕业生演出时，教育系的汪爱丽饰金女大，另一个学生饰吴贻芳。演出中问：吴贻芳为什么不结婚？因为她嫁给金女大了。坐在下面的吴贻芳报以得意的微笑。还有一次一对外国夫妇来金女大探望吴贻芳，席间他们的孩子天真地问吴贻芳："你为什么没有结婚？"在场的客人因小孩不知轻重，显得十分尴尬。吴贻芳却微笑着用英语告诉他："我正在等待着一个合适的人。"

　　她的侄女陈励先也持这个观点：她没有遇到合适的人。

　　在石山头茶场，不知不觉已经进入寒冬。田野和山岗上一片荒芜，北风吹来，拍打着她们居住的门窗。夜里睡不着觉的时候，吴贻芳向晋桂芳讲述着她的家庭、婚姻和生命的凄凉。她已没有了向命运挑战的力量。她坐在门口，望着门外不平的山峦，仿佛看到了生命的尽头，常常这样一坐就是半天，竟然忘记了山中的寒冷。她总是在晋桂芳的提醒下，才回到屋里。

　　早在二十一年前，也是这样一个寒冷季节，金女大总务处主任程瑞芳领来晋桂芳。那时她刚二十出头，吴贻芳看到她很朴实，个子不高，身体很结实，觉得不错，就留在她身边一起生活。

　　后来知道晋桂芳是安徽无为人，也算是自己祖籍的大同乡，虽然她的家在皖南，晋桂芳的家在皖中，中间相隔一条长江，但就是有着一种说不清的亲近感。

晋桂芳的父母也是地道的农民，因生活贫困，一生下来她就给人家当了童养媳。十三岁的时候，因不堪婆婆的虐待，跑到南京来找在金女大作帮佣的母亲，不久夫家找上门来，总务科的程瑞芳费尽心机，也未帮上忙。晋桂芳被带回后，即与丈夫结婚，后来发现丈夫是个痨病患者，她只好认命。日本人占领无为后，夫妻二人带着孩子一起到苏南逃难，到一九四八年，丈夫和孩子先后死去。晋桂芳又到南京当保姆，一次在市场买菜时，遇到程瑞芳的侄女，介绍她到金城银行干杂工。后来程瑞芳听侄女说到晋桂芳，便说服她辞去金城银行的差事，来到了吴贻芳的身边。

如今二十余年过去了，吴贻芳已到风烛残年，人生又遭此劫难，孤独一人，不知哪一天就会告别这个世界。晋桂芳也看出了吴贻芳的心思，安慰她说："老校长你放心吧，我跟你生活了二十多年，你待我形同母女，我一生都不会离开你。就是不能种菜养鸭了，我出去讨饭也能养活你的。"

吴贻芳听了晋桂芳的话，虽没有再说什么，那颗被"文革"运动弄得炎凉的心，此刻仿佛又温暖起来。

然而，吴贻芳心头的阴云难以散去，她不知道接下来的日子里又会发生什么。

第八章　老树新枝

一　复出与新征程

一九七〇年二月，吴贻芳忽然接到通知，结束茶场劳动，回到南京傅厚岗家中。

春节将临，吴贻芳和晋桂芳第一件事即是打扫卫生，擦洗门窗，打开行李，恢复以往生活。晋桂芳上街买来米面、蔬菜，两人静静地吃了一顿年饭，从此大门关紧，过起了幽闭的生活。

吴贻芳告诉晋桂芳，凡是有人来访，一律不予接待，有事去找有关部门。她只是在家看看报、读读书，不与外人来往。

这期间，还是有一件事打破了她们的平静生活。

一天，一位早年从金女大毕业的学生、武汉某大学的副教授，来南京辗转找到傅厚岗十五号，要看望老校长吴贻芳。她拎着一篮子从武汉带来的水果，轻轻敲响吴贻芳的门扉。

晋桂芳没有开门。在门内问清来人情况，告诉她老校长早已不接待客人，请她回去吧。

来人执意要见老校长，一个不让进去，一个坚持不走。于是二人争执起来，女教授尽管说她从武汉长途而来，没有别的事情，只是要看看老校长，晋桂芳还是不给开门。女教授没有办法，便在门外大哭起来。

吴贻芳见状，对晋桂芳说，让她进来吧，在外面哭也影响不好。

那位学生见到吴贻芳，二话没说，要跪下行大礼，被吴贻芳制止了，她只好把水果篮子放到一边，给老校长恭恭敬敬鞠了三个躬。她刚问老师好，说着又哭起来。吴贻芳拉着她的手说："你不要哭了，我不是好好的吗？我们多年不见，你应该高兴才好。"

这一年除了这位学生来访，日子就这样平平静静地过去了。

一九七一年"九·一三"事件后，国内形势也发生了一些变化。有关部门通知吴贻芳，以全国人大代表的身份，参加一些社会活动和外事活动。

在那个时候，吴贻芳能够重新工作，对她是一种极大的安慰，因为有许多被打倒的干部仍在"靠边站"。她对省里安排她要做的工作，总是认真对待，一丝不苟，仔细做好准备，力求把工作做得十分圆满。她的复出，很快引起国内外和港台地区的注意，于是不断有信件、电报寄给她。

一九七二年，随着中美关系的改善，两国的交往也多起来。美国是她早年留学的地方，有许多师生和朋友在那里，常有客人来访或信件寄来。在她接待的外宾中，有瑞士议员小组、美国女作家、远东报道记者等。她以国家利益为重，不谈自己"文革"中的事情，更多介绍中国的建设成就，帮助美国等来访者消除对我国的误解，自觉维护国家形象。

一九七三年一月二十六日是她的八十大寿。她热情洋溢地撰文，发表了《八十生辰感言》，她说：

> 在我八十年的岁月中，经历着新、旧中国两个截然不同的时代。解放前，从二十年代初开始，我出国留学，回国后，又曾多次出国；解放后，我也曾数度出国，参加国际会议，进行友好访问。两个时代，我感受着两种截然不同的情景：在旧中国，我们处处受到帝国主义国家的冷遇、歧视和欺侮，内心感到非常气愤和自卑；而新中国成立后，我每次出国都受到各国人民的热情欢迎和款待，广大国际友人对新中国的代表十分尊重，对我国社会主义革命和社会主义建设的成就高度评价，处处使我感到作为中国人无比幸福和自豪。

她以自己的亲身经历，对中国新旧社会进行了鲜明对比，在毛泽东和共产党的领导下，经过二十三年的努力，就把一个贫穷落后的半封建半殖民地的旧中国，建设成为一个初步繁荣昌盛的社会主义新中国。

这一年八月四日，原国民党国大代表、著名实业家缪云台先生，受周恩来总理之邀回国观光。八月二十日，他到南京拜访吴贻芳。

缪云台（1894—1988），云南昆明人，一九一三年赴美留学，一九二〇年回国任公司经理、省政府委员兼农矿厅厅长等职。抗日战争期间任国民参政会参政员，云南经委主任。一九五〇年由香港赴美经商。

他与吴贻芳当年都曾是国民参政会参政员，共事多年，有许多交往，在海外曾听说吴贻芳受了不少罪，情况不太好。这次见到吴贻芳，惊奇地发现她身体很好，精神矍铄，根本不是传说的那回事。尤其使缪云台先生感动的是，几十年过去，吴贻芳那颗爱国心依然如初，丝毫未变。经过交谈，缪云台先生十分感慨，受到很大启发。一九七九年六月，缪云台先生毅然决定变卖海外财产，和家人离开滞留多年的美国纽约，经香港飞抵北京，在国内定居。

回国后，他先后任外经部特邀顾问，中国国际信托投资公司董事。一九八三年后任五届全国政协常委，六届、七届全国政协副主席。

后来他们又共同在全国政协任职和共事。

一九七五年一月三十日，第四届全国人民代表大会第一次会议在北京隆重召开。作为全国人大代表的吴贻芳，又一次参加了这次大会。会上周恩来总理作了《政府工作报告》，全场竟响起三十多次掌声。当她看到周总理消瘦的脸庞时，心里感到阵阵不安。她没有想到，这是她最后一次见到周总理了。

这一年五月，吴贻芳在家中接待了从美国归来的金女大校友、哈佛大学终身教授、著名植物分类学家胡秀英博士。

胡秀英出生于江苏徐州农村，一直在教会学校读书，一九二八年考入金女大生物系，一九三三年毕业后，又考入广东岭南大学读植物学研究生；毕业后到成都华西大生物系任讲师，一九四六年九月赴美到哈佛大学攻读植物学博士学位，毕业后任哈佛大学树木园林研究员。一九七五年后，胡秀英为中国植物学家与国际植物学界交流牵线搭桥，把中国植物学成就介绍给国际植物学界，同时到祖国各地讲学，培养中国青年植物学家。

在胡秀英到南京的第二天，吴贻芳请她吃饭，还请胡秀英同班同学来作陪。席间，吴贻芳关切地问："你来一趟不容易，在南京你想看看哪些地方？"

胡秀英未加思索便说："我的脚能再沾上金女大的土，就心满意足了。"

吴贻芳想了想说："你要去看看南京农业科学研究所，了解一下祖国农业科技方面的进步。"

胡秀英听了吴贻芳的话十分感动，老校长无论何时何地，心里总是关注着祖国和人民。大家也纷纷表示愿陪胡秀英到金女大原址和农业科学研究所参观。

后来胡秀英还去了南京和沈阳，最后来到北京。返美时，吴贻芳还请胡秀英在北京的同学司徒美媛捎了两件轻便的礼物给她——两只白色椅垫，一件是她请胡秀英转给旅美多年的老同学徐亦蓁的，另一件有万里长城图案的是给胡秀英本人的。

胡秀英看到礼物，接东西时她的双手在发抖。老校长对事思考何等细致，礼物的意义何等精深！她用洁白的礼物送老同学表明坚贞雪亮的心，拿长城授学生是象征发扬中华文化、不忘祖国之心。

一九七六年一月八日，北京传来了周总理去世的消息。那几天，在民主人士座谈会上，回忆起周总理的不朽功绩，老人们都痛苦地落下泪水。然而，老人们想去周总理曾经工作过的梅园新村表达哀思时，在"四人帮"的淫威下，竟然没有去成，这令吴贻芳心里感到凄楚和愤懑。

同年七月八日，全国人大常委会委员长朱德逝世；九月九日，毛泽东主席病逝。这对年事已高的吴贻芳而言，无疑是又一次心灵的疼痛。

不久，党中央一举粉碎了"四人帮"反党集团，结束了长达十年的动乱，这使吴贻芳的心情感到十分舒畅和喜悦。

这一年，美籍华人赵浩生来访，吴贻芳在南京接待了他。

赵浩生（1920—2012），河南南阳地区息县人。早年跟经商的父亲在开封读书，十七岁初中毕业后回本县任教；抗战初期参加国民党教育部第三巡回教育队宣传抗战，后到《中央日报》开始记者生涯，曾采访过重庆谈判；抗战胜利后转入《东南日报》成为南京特派员和驻日记者；一九五〇年后和日本未婚妻今泉智慧先后到美国，入伊利诺伊大学就读，毕业后与妻子同在耶鲁大学执教，并创办了《海外观察》专栏，成为联合国注册记者。一九七三年起，他先后八十次回国访问，受到过周总理、杨尚昆、江泽民等国家领导人接见。回到美国后，写了《中国归来答客难》长文，在《参考消息》连载。他弃教从商，办了美国赵氏公司，任公司董事长，晚年著有《八十年来家国》等书。

这次访问吴贻芳，他打算写一部中国当代杰出妇人传记，其中包括宋美龄、吴贻芳、林巧稚等人，主题是请吴贻芳重点谈谈她在"文革"中的情况，尤其是受红卫兵冲击的情形。

吴贻芳没有满足他的要求。她认为"文革"是国家和民族的不幸，现在"四人帮"已经倒台，大家把目光集中到祖国建设事业上来，计较个人遭遇的痛苦，通过某种渠道捅到国外，只会伤害国家声誉，影响海外同胞团结，到头来只会贻笑国人，于国于民都没有益处。

赵浩生反复追问，而吴贻芳别开溪径，轻描淡写地一带而过，没有按他的思路去做。

一九七八年，吴贻芳当选为第五届全国政协常委，第四届全国妇联副主席，再次当选江苏省副省长，江苏省政协副主席等，还兼任了其他许多职务。

吴贻芳重新走上领导岗位，已是八十五岁高龄。她敏锐地感到，要挽回"文革"浩劫，教育是重中之重。于是她重新披挂上阵，不顾年老体衰，制定改革方案，调整教育结构，在科技、文化和教育战线上，与广大人民群众一起，开始了新的征程。

二　获"和平与智慧女神"奖

一九七九年，又是一个灿烂的早春，当栖霞山的风吹醒山涧衰草的时候，大洋彼岸密歇根大学的女子校友会，传来了一个惊人的喜讯：吴贻芳获得"和平与智慧女神"奖啦！

这个奖项兀自向她奔来，一下子把她惊呆了。她甚至心存疑窦，天上哪有这掉馅饼的事？她手持信件，端详良久，还是犹豫不决。太多的生活经验，无数次的人生险滩，都不能让她轻率为之。尤其是从五十年代抗美援朝战争起，中美交恶，虽然一九七二年两国关系有了改善，但领不领这个奖，她还是心有疑虑。思虑再三，她还是把这个不知是喜是忧的信，谨慎地放进了她的抽屉。

这个授奖的事和吴贻芳的顾虑终于被中央领导同志知道了：

他们认为吴贻芳得奖是件大好事，不仅有利于中美文化交流，还可借此进行友好访问，增进两国人民的友谊，何乐而不为呢？

在中央领导同志的鼓励下，吴贻芳坚定了信心和勇气，她决定亲自去已离别五十余年的母校领奖。

密歇根大学"和平与智慧女神"奖，是一九七二年设立，专门授于终身从事某项事业并取得杰出成就、对社会服务事业以及世界和平作出重大贡献、为母校争得荣誉的毕业女生的奖项。这个奖自一九七二年起，每年评定一次，当时已评了七届。奖品是一座纯银制的工艺品：一只歌唱的夜莺，安祥地栖息在橄榄枝上，这是西方文学家最为崇拜的鸥鹊类益鸟，日伏夜出，一双圆而明亮的眼睛发出犀利的目光，凝视着前方。橄榄枝象征着和平，而夜莺则代表着它的智慧。

四月初，吴贻芳开始准备去美国的事宜。她首先去医院做了身体检查，大夫认为她虽然年事已高，但身体各方面器官不错，没有什么大毛病。如果有人照料，可以作长途旅行。

为此她作了两方面的准备：一是个人制装和准备所带物品，二是陪同赴美人选。这两件事并行不悖，准备工作同时行动起来。

陪同人员她选的是南京师范学院副教授、原金女大毕业生黄续汉，另一名是她所在省机关的工作人员。

黄续汉是吴贻芳年轻时的同学黄孟姒的侄女。她一九一一年生于安徽巢湖，父亲早年参加同盟会，追随孙中山先生从事革命活动。她自二十年代末考入金女大外文系，一九三二年毕业后一度到上海教书、任吴贻芳秘书，抗战后期到美驻华使馆任英文翻译。就在那时，她认识了国民党抗日将领、时任汾阳军校教育长的尹心田。尹早年在冯玉祥身边工作，一九三一年参加了中共地下党。不久两人相识相爱，很快结为伉俪。尹心田解放后在南京军事学院任教，一九五六年转业南师大外语系工作。

服装是吴贻芳在她的侄女、表弟陈嘉的女儿陪同下购买的。许多年后她的侄女回忆说：

> 出发前，您要我陪您上街选购制装衣料。那时的您，已是一位八十五岁高龄的老太太，可您仍与我一同步行于几个大商店之间，您说出国做衣服花国家的钱，不必太奢侈，还是应该实惠一些。为了节省国家制装开支，您精打细算，宁可多迈些艰难步履。我担心您太累了，劝您歇一会儿买贵一些无妨，您坚持不肯。当您选中的那匹衣料为您做一套西装所需的量只剩无几，连作零头料也不易派用场时，营业员动员我们买下，说合在一起裁可为我挤出一件背心的衣料来，就这样，为了物尽其用，您决定买下，可是那多余的一段零头的衣料款，您坚持要私人掏钱，不作为制装费用，您说公私一定要分清，决不能占公家一点便宜。这纯洁得像水晶般的心，不是今天我们十分值得提倡的吗！

吴贻芳作为一名国家公职人员，遵规守矩，足见她的人格操守。

四月二十一晚，八十六岁的吴贻芳由六十八岁的黄续汉和另一名工作人员陪同，从北京机场登机，途径乌鲁木齐、卡拉奇，到达法国首都巴黎。在中国驻法使馆休息一天，借机参观了巴黎圣母院、凯旋门和艾菲尔铁塔，然后又乘机飞往美国的纽约。

四月二十五日，她们又转机飞往密歇根州大学所在地安阿伯城，受到母校代表和在美国金女大校友会代表的热烈欢迎。尤其是金女大的代表，看到相隔几十年不见的老校长，更是喜极而泣，情不自禁地流下了热泪。

四月二十七日，密歇根大学一九七九年度"和平与智慧女神"奖颁奖仪式于下午二点半正式开始，会场气氛热烈而祥和。

首先，密歇根大学代理校长阿·史密斯致词，他热情洋溢地赞扬吴贻芳多年来为中国教育事业和世界和平事业做出的卓越贡献，表示母校为有她这样杰出的毕业生而感到骄傲。当他把镌刻着吴贻芳名字的水晶盒与橄榄枝和夜莺标志物递给吴贻芳的时候，整个会场沸腾了。与会者一齐起立，响起经久不息的掌声。

吴贻芳以流利的英语作答辞。她激动地说："今天密歇根大学妇女校友会在这里隆重召开大会，授予我'和平与智慧女神'奖，这不仅是我个人的荣誉，也是给予我的祖国，我国人民，特别是我们中国妇女的荣誉。"接着，她还向与会者介绍了新中国的建设成就和新中国妇女所做的贡献。

最后，吴贻芳也向密歇根大学回赠了有着象征意味的丝织仙鹤与苍松翠柏图案的丝织挂毯。

授奖结束后，吴贻芳在安阿伯稍作逗留，然后返回纽约，住在她的学生司徒珠家中。在短暂休息后，便南下北卡罗来纳州格林斯伯勒，看望原金女大化学系主任蔡路德教授。

格林斯伯勒是北卡罗来纳州从东北向西南发展的第一座城

市，从十六世纪八十年代以来住在这个州的居民大部分是苏格兰和爱尔兰人。这里一直被称为"介于两座傲慢的大山中的一个卑谦的溪谷"，这两座大山是北面的弗吉尼亚州和西南的南卡罗来纳州。到二十世纪七十年代，北卡罗来纳州人口猛增至五百八十七万多人，一下子上升到美国"十大州"的地位。一九六八年，理查德·尼克松成为取胜的第一位共和党总统候选人，一九七二年这个州再次投票支持尼克松当选总统。

吴贻芳南下的第一站，便是到格林斯伯勒一家疗养院看望年届八十五岁的蔡路德教授。从一九一七年起，她从马萨诸塞州北安普敦史密斯女子文理学院毕业，告别母亲和妹妹，远渡重洋来中国教书，那时她只有二十三岁，比正在金女大求学的吴贻芳还小一岁。她在金女大任教长达三十四年，是任教最长的外籍教师，她将她最美好的青春献给了金女大。后来，金女大与史密斯女子文理学院结为姐妹学校，每年得到经济上的支持和教学上的帮助，一直到全国解放。蔡路德教授终生未婚，很少回去与母亲相聚，她任化学系任系主任长达十年之久，抗战胜利后还担任总务主任一职。后由于政治原因，她不再担任系主任，回化学系当了一名普通教授，直到一九五一年金女大合校后，她才最后一个离开中国，回到美国。她对金女大一往情深，到年过九旬时还给她的中国学生寄圣诞贺卡。二十世纪九十年代，听说金陵女子学院成立，蔡路德先生已年近百岁，还为学院捐了款。

看到吴贻芳的到来，她心情十分激动，她与吴贻芳热烈地拥抱，感谢吴贻芳还想着她，不远万里来看她。她十分怀念中国，十分怀念金女大的学生，对新中国取得的成就也深为高兴。可惜年龄大了，腿脚又不便，不然她真想回中国看看金女大校园和中国发生的新变化。

告别蔡路德先生，吴贻芳继续南下，去佛罗里达州圣彼得斯堡探望老同学徐亦蓁女士。

佛罗里达州是美国南方的半岛之州。从西班牙人一五一三年初发现并开发这片土地，到正式推行殖民历史，这中间有三百五十多年受到英、法竞争对手的骚扰，直到一八二一年他们放弃这片土地，美国人在这里建州。"佛罗里达"这个名字，是一九一三年四月二日，一个叫庞斯·德·里昂的人给它取的。

这个锅柄形状的州，从北美大陆向南延伸，如同蔚蓝的大海上铺开的一张绿色的地毯，上面点缀着湖泊和沼泽，越往南走景色就越发奇丽。北部是起伏不平的山丘，松林、橡树和铁兰覆盖其上；中部是湖区，有绿草、棕榈和巨大的牧场，也是庞大柑橘业的心脏；再往南走是沼泽地和海洋，可以看到红树林造出的陆地，以及珊瑚构成的群岛，散在二百英里的海面上。

佛罗里达是美国后开发的州，人口增长迅猛，从一九四〇年不到二百万人，到二十世纪七十年代末人口猛增至九百七十多万人。因此被人们称作流亡者之州和退休者之州。徐亦蓁在美国退休后，也随着潮流来到这个阳光灿烂、景色宜人的州居住。

圣彼得斯堡在佛罗里达州中部的西海岸，是太阳海岸北段的重镇，濒临墨西哥湾。沐浴在阳光里的圣彼得斯堡，与坦帕市一水之隔，居民多来自全国，却多半是白人中产阶级。住宅是掩映在棕榈树和热带花卉中一排排的白色小屋。

徐亦蓁的一生似乎并不太顺利。一九二四年与留美的骨科大夫牛蕙生结婚，十三年后牛大夫不幸病逝。为了维持生活，一九三九年她带着十二岁的儿子到香港圣斯蒂文学院任英文教师，香港沦陷后又回到美国教书。一九四三年她再入哥伦比亚师范学院攻读博士学位，毕业后任联合国妇女地位委员会中国代表，曾一度回国任职。一九四九年又回到美国从事学生辅导工作。一九五五年应渥州西方女子大学之聘，任历系讲师、训导主任等职，直到六十五岁退休。一九六七年来到圣彼得斯堡老人公寓休养，七十年代后身体状态每况愈下。

吴贻芳见到她时，徐亦蓁身体已不能自理，坐在轮椅里活动要由护士照顾才行。据医生介绍，已八十五岁的徐亦蓁，记忆力非常差，神志经常模糊。吴贻芳望着老同学的现状，她爱莫能助，心里非常难过。吴贻芳用唱金女大校歌的方法，企图唤起老同学对过往美好生活的回忆，但却无济于事。两年后，徐亦蓁病逝，享年八十七岁，吴贻芳闻讯后伤心不已。

六月五日，吴贻芳一行返回纽约，准备第二天在纽约南部乡下参加金女大旅美校友会。金女大毕业生在美国约有一百六十多人。金女大旅美校是在徐亦蓁的组织策划下在纽约创办的，隔年一届，徐亦蓁曾任第一任会长。

这次吴贻芳来美领奖，恰逢金女大首届学生毕业六十周年，又遇双周年会活动，这个机会难逢，对吴贻芳也是机遇难得。吴贻芳是首届五名毕业生之一，其余两名亡故，两名重病在身，只有吴贻芳是健康的。且毕业生大多是她任校长时的学生，此次聚会不同寻常，因而远在澳大利亚、新加坡、马来西亚、加拿大和台湾地区的校友听说这个消息后，也纷纷报名赶到美国参加聚会。许多校友的亲属只闻吴贻芳其名，却未见吴贻芳其容，她们趁此也带着自己的丈夫和孙男弟女前来参加，场面非常热闹，气氛十分动人。

年会在校友们包租的一家大饭店的会堂举行。当吴贻芳挽着学生时代的发结，身穿紫红色旗袍，胸前别着一朵紫罗兰花朵走进会场时，参加聚会的校友报以热烈的掌声，许多女弟子跑上前去，争相与她拥抱、亲吻，有的拉住她的衣角拼命地高喊"校长，校长!"，有的像母女久别重逢一样，激动地嚎啕大哭起来。大家看到老校长八十六岁高龄，仍精神矍铄，腰板硬朗，高兴得不知说什么是好。

吴贻芳看到眼前这些相隔数十年的学生，已是青丝染霜，脸生皱褶，但好像依旧能看到她们当年青春年少时的影子，吴贻芳一个个呼唤着她们的名字，这让大家惊呆了。她们互相相交谈着：老校长的记性真好!

这时，一个学生忽然站起来对吴贻芳说："老校长，今天我们欢聚在一起，来庆祝金女大首届学生毕业六十周年，我们这些身居海外的人，多想再聆听一次您的教导，在您身边重温做学生的美好时光啊!"

她爽朗地笑了一下说："好啊，那就说说这六十年最为震撼心灵的四件事吧。第一件是"五四"运动爆发后，毕业在即，作为学生会会长，我带领全校同学走上街头，投入这场伟大的政治运动，关在围墙里读死书是没用的，人不可能脱离社会不问政治；第二件事是在密歇根大学读书时，澳大利亚总理来校演讲，说中国不能算是一个独立的近代国家，亚洲国家应当移民到中国去，我听了十分气愤，连夜写文章批驳了他；第三件事是一九三七年十二月三日，这是刻骨铭心的一天，也是最为痛苦的一天。金女大被迫迁往成都，我们只好躲到英国轮船上避难，亲眼看到同胞们被炸得惨不忍睹的场面，如果国家强大，人民哪会遭到这样的蹂躏？第四件事是我一生中最幸福、最美好的记忆。我以全国政协委员的身份，参加了开国大典，听到毛泽东主席庄严地宣告：中华人民共和国成立了！中国人民从此站起来了。"说到这里，她停顿了一下又说，"我这次访美，处处受到外国朋友热情欢迎，一个重要的原因，就是我们的祖国强大了，海外游子因而也受到了尊重。因此，我们要饮水思源，以实际行动来报答我们的祖国。"

吴贻芳的一席话，立刻在金女大校友中引起了震撼，在美国以外的海外游子中也引起了巨大反响。密歇根大学的校刊评论道："吴校长一如三十年前，仍以她那慢条斯理的讲话和温雅清馨的声调，告诉我们她内心的激动和快慰。吴校长的思想敏锐不减当年，言词是温和中包含着无比刚强的教诲。"

吴贻芳此次赴美，先后共走了八个城市。六月二十五日，访问圆满结束，顺利返回北京。邓颖超、康克清等中央领导同志还亲切会见了她，对她的访美成功表示祝贺，对她为祖国争得的荣誉给予了高度评价。

这次访问，吴贻芳等三人在美国六十五天，相关部门按规定给了她们两万五千元美金的差旅费，但她们紧缩开支，能不花的钱尽量不花，此行仅用了三千七百元，余下的二万一千元美金，全部交回国家；一个学生强送她的一台收录机，回国后她转给了省民进机关使用。

在北京，吴贻芳还参加了五届人大二次会议，民进中央、全国妇联、教育部等还为她举办了欢迎会和座谈会。她还向有关部门建议，公派学生一定要把好政治关和业务关，外语一定要合格才行。对留学归来的公派生和自费生要一视同仁，发挥他们的专业特长，为祖国建设做出他们各自的贡献。

三　又逢生命春天

　　党的十一届三中全会的召开，让进入耄耋之年的吴贻芳，迎来了她生命中又一个春天。

　　一九七九年十二月，在江苏省人大五届二次会议上，吴贻芳再次当选为江苏省副省长。

　　虽然她身兼人大、政协、民建数职，公务繁多，但她的注意力仍集中在新时期的教育问题上，关注着青少年思想教育、中小学外语教学、幼儿教育和青年就业问题。她不顾年高体衰，除参加会议外，还下到基层调查研究，针对青少年升学和就业问题，调整教育结构，减少普通高中数量，增设技工学校和职业学校，为青少年广开学路和就业门路，使之及早成为自食其力的人，为国家作出贡献，使理想教育、为人民服务落到实处。她的做法十分令人信服。

　　一九八〇年七月，她视察南京市鼓楼工读学校后，在《民进》杂志上发表了《加强青少年政治思想教育会议》一文，以"恢复和发扬党的优良传统是搞好青少年教育的前提"、"根据时代的特点，联系青少年的实际，进行切实可行、生动有力的正面教育"和"搞好中国式的现代化，发展社会主义事业，切实解决好青少年的升学、就业问题"三个方面，结合她的人生经历，谈了她的认识和体会。她说：

　　　　一九七九年四月至六月间，我应美国密歇根大学妇女联合会的邀请，进行了私人访问。在美国，我参

观了一些学校和先进的教学设施，同时也耳闻目睹了
美国教育中存在的弊病。一位大学校长在回答我的问
题时说，如何把美国青少年教育成为良好的公民，这
是教育界面临的最令人焦虑的问题。当时我暗自庆幸，
认为这个问题在中国早已很好地解决了。但是回国以
后，遇到许多实际情况却使我深深感到，我国目前青
少年的思想教育问题，不但没有解决，而且要给予极
大的重视，非痛下决心解决不可。

中美两国青少年的问题性质上虽然不同，但在一个从事教
育工作者的目光中，这个发现却是独到的，发人深省的。

一九八〇年十月四日，吴贻芳根据"文革"后待业青年人
数增多的问题，在《人民日报》发表了《教育体制的改革一定
要注意青年就业问题》一文，她建议：

现在，普通中学毕业升入高等院校的只有百分之
四左右，其余百分之九十六除一小部分考入中等技术
专业学校外，绝大多数毕业后不能很快就业，也很少
有其他就学门路，只能在家待业……一些青少年思想
上、品行上存在不少问题，有的甚至走上犯罪道路。
这不能全怪他们，要看到林彪、"四人帮"十年浩劫对
他们的影响，要看到教育上的问题和社会原因，也要
看到就业这个实际问题。就业困难使一些人感到没有
出路，产生了悲观失望情绪。这既是一个教育问题，
又是一个具体的经济问题，必须认真研究，切实解决。

作为一个教育工作的领导者，她不仅关注着教育改革问题，还关注着学生毕业后的出路问题，认识到如果不从全局上考虑，认真加以解决，势必会造成重大的社会问题。她心系教育，心系国家，心系人民，具备一个教育工作者的责任和担当。

一九八三年五月八日，她还为创新刊的《幼儿教育》杂志撰文《着眼基础，面向未来，全社会都来关心和培育祖国的幼苗》。她说：

> 幼儿教育是整个社会主义教育事业的组成部分，它在教育体系中占有重要的位置，我们必须重视它，关心它。幼儿时期是一个人健康成长的奠基时期，这个时期如果能受到良好的教育，对人一生的发展都会带来有利的影响。所以我们必须注意从小培养儿童良好的思想品行和习惯，以便为社会主义现代化建设培养人才打好扎实的基础。这是关系到未来的大事情。

她还认为，我们的幼儿教育也必须着眼基础，"面向现代化，面向世界，面向未来"。

她强调，高等教育和普通教育二者不可偏废，江苏省师范教育要从实际需求出发，形成梯次结构。为此，她给省政府有关领导写信，建议将南京师范学院改为师范大学。一九八二年三月，南京师范学院改为南京师范大学，吴贻芳任名誉校长。她撰文向全校教职员工表示祝贺。希望全校上下"同心同德，继续艰苦创业，奋发努力"，"真正把学校办成为我省师资培养和教育科学研究的重要基地"。后来，她还多次回校参加师生开展的重要活动。

　　民进南京市委会在"文革"爆发那年，根据上级决定已停止了一切活动，市委会机关也遭受严重破坏。一九七七年十一月，民进南京市委会在消失了十一年后，又重新开始了他们的活动。

　　作为民进南京市主委的吴贻芳，身兼全国政协常委、全国妇联副主席、江苏省副省长、江苏省政协副主席等多个职务，她不顾年老体衰，事务繁多，不管大事小情，都亲自过问。

　　一九八〇年春节期间，民进南京市委会专门为被错划成右派、错打成反革命、开除会籍的会员召开了茶话会，八十七岁高龄的吴贻芳亲自到会，代表民进省、市委会向他们表示歉意，抚平他们的心头创伤。与会者感激共产党，感激民进组织，表示要在有生之年奉献余力。

　　一九八一年七月，是中国共产党成立六十周年。吴贻芳在《新华日报》以《爱国爱党爱人民》为题发表文章，她以自己的亲身经历说："后来初步接触到一些马列著作、毛泽东思想，才开始明白，不改变社会制度，教育是不能救国的。何况旧社会的教育又是为谁服务的呢？所以，国民党要我出任教育部长，我都拒绝了。南京解放时，国民党当局送来了最后的飞机票，要我同去台湾，我也拒绝了。相反地，解放以后党要我担任江苏省教育厅长，我是很乐意的。因为前者是反动的官衔，后者是人民勤务员的职务啊。"

　　她还说："我们要到实际斗争中去找任务，以主人翁态度干工作，要教育青少年，把个人的利益同祖国、党和人民的利益联系在一起，把个人的前途同祖国、党和人民的前途联系在一起，认清'没有共产党就没有新中国''只有社会主义能够救中国'

的真理，爱国爱党爱人民，做社会主义现代化的促进派。"

吴贻芳是经历过从晚清、民国和新中国几个时代的人，以自己的切身感受和对比，说出了自己的肺腑之言，也是经过烈火锤炼后的真言。

吴贻芳几乎认识在南京的所有民进会员，无论在哪里碰到，她都是主动上前打招呼，从不以领导和名人自居。她总是亲切地对待每一名会员，对他们的家庭和身体情况都知道得非常具体，主动替他们排忧解难，使他们全力投入工作。

民进省委机关工作人员郑璞君陪她外出工作时间长了些，她总是不安地惦着她家里的孩子，并深感报歉。有一次郑璞君生病住院，吴贻芳已是九十高龄的老人，亲自爬到三楼探望，当来到她的床前时，累得气喘吁吁，感动得郑璞君扑到她怀里哭了起来。

她得知原民进南京市委原副主委金光灿老人身体不适，她把车子停在学校门口，步行三百多米前来看望，还把自家养的母鸡生的十个新鲜鸡蛋送来，让他补养身体。

党中央提出干部队伍"四化"时，担任副省长的吴贻芳，找到省委统战部，主动提出辞去这一职务，把位置让给年富力强的同志，急切之情，溢于言表。一九八三年，江苏省人民代表大会选举了新一届领导班子，她终于实现了辞去这一职务的愿望。

一九八四年十月，民进南京市召开第四次会员代表大会，由于年老体衰，疾病绕身，吴贻芳辞去民进南京市委会主委一职。大会通过了给她的致敬信。

吴贻芳在金女大任校长二十三年，与学子们有着割舍不断的情结，深深镌刻在她的心里。

吴贻芳晚年有一桩心愿，就是把金女大的历史写下来，留给后人。一九八二年六月手术出院后，组织上安排她到苏州南林饭店疗养，她觉得这是一个绝好的机会，于是她邀请了她的学生朱绮（时任江苏人民出版社编辑）作助手，开始了紧张的工作。由于年代久远，资料散失，她亲自给学生写信，请她们一起回忆，提供资料，还找了档案馆和南师大资料室给予帮助，自己更是苦苦思索，上穷碧落下黄泉，打开记忆的闸门，把一件件往事记录下来，连缀成篇。初稿写出后，又反复做了修改，最终以《金女大四十年》为题问世，了却了她多年的夙愿。

她说："我是金女大第一届毕业生，并作为首任中国校长执掌校务二十三年。我素来不做文章，这篇简史只能不加评论地叙述一些事实，由校友朱绮同志协助整理编写，得以完成。"

这部著作分校史简述、教学制度、体育和保健、学生生活、参加校外活动、金女大的宗教课及政治情况六部分组成。文章张弛有度，详略得当，以她亲历中国的几个时代，和学校的发展轨迹、办校方式，实事求是地记录下来，为后人留下了一份宝贵的财富。

"山如碧浪翻江去，水似青天照眼明"。用王安石这句诗来形容吴贻芳此时的心情，应该是恰当的，切合实际的。

一九八三年十一月十三日，是金女大建校七十周年。战争年代分散教学时，遇到这个大喜的日子，他们也没忘记开会纪念，直到一九五一年金女大与金陵大学合并后，这个纪念日就停止了。后来金女大毕业的校友，在海外发起每两年纪念一次，这个建校纪念日又坚持下来。

十一月初，老校长吴贻芳发出邀请，金女大在美国、加拿大几十位校友，便组成访问团来南京参加纪念活动。

十一月六日，他们先抵达上海，第二天才转道南京。负责接待的有江苏省政府侨办、南京师范学院和金女大南京校友会的代表，一齐到车站迎接。在纪念活动期间，外来人员的食宿、交通等费用由侨办支付，使得这些海外游子深切感到祖国的厚意和温暖。

八日上午，国内外校友在原金女大小礼堂举行联谊会，一百多人欢聚一起，共同庆祝这个大喜的日子。当吴贻芳在工作人员搀扶下走进小礼堂时，会场沸腾了，热烈的掌声和呼唤声此起彼伏，她们争先恐后地来到吴贻芳面前，搀扶着、簇拥着来到会场。看着这些来自四面八方的学生，吴贻芳都能一一叫出她们的名字。

有的学生一边流着眼泪，一边哽咽着说："老校长，我们在海外几十年，你还记得我们吗？"

吴贻芳说："自己的学生怎么会忘记呢，记得，记得。"

这些学生激动不已，有的情不自禁地跪下来给吴贻芳行大礼，有的感到自己多年未给校长写过一封信，而校长无时不在挂念着自己，面对校长愧疚地泣不成声。

会议开始后，吴贻芳作了热情洋溢的讲话。

她首先对前来参加纪念活动的校友表示热烈地欢迎。接下来说："这次你们回来，不要只是来看我，更重要的是要看看自己的祖国，看看祖国的巨大变化和社会主义建设成就，了解一下祖国的发展情况。希望你们也为祖国的统一大业和四个现代化出一把力。一定要记住，你们都是我们的炎黄子孙！"

会场又一次爆发出热烈掌声。

下午，校友们参观了原金女大校舍，与南京师范学院的师生开展交流活动。晚上，吴贻芳在南京饭店设宴招待这些海外归来的学生。

第二天，全体校友又被请到校长吴贻芳家中，她高兴得笑逐颜开，没有一刻合拢上嘴。中午时候，她用故乡泰兴名点，一种带馅的黄桥烧饼，来招待这群海外弟子。在边吃饭边说笑中，学生司徒珠突然来到吴贻芳面前，声言奉领队之命，代表同学们给她说几句祝贺的话，但想了一夜不知说什么好，于是干脆给老校长磕了个响头。这无言的一跪，聚合了学生多少年一片诚意和尊师的古道热肠，令在场人唏嘘不已。

这次从美国和加拿大来的金女大师生共计三十三人，其中有教职员工二人，她们是原金女大外文系主任、加拿大籍兕馥兰女士，和原金女大教授、领队陈莲彩女士。

活动结束后，她们又去北京等地参观，然后从那里乘机返航。她们称这次校庆不虚此行，赞叹是一次难得的"闺女归宁"。

这一年，吴贻芳当选全国政协常委和全国妇联副主席。

第九章　生命终曲

一　傅厚岗的日落

　　吴贻芳的生命开始倒计时，早在一九八三年十二月二十六日参加全国政协会议后返宁时，她就因呼吸道感染和心力衰竭而住进医院，这已经算是敲响了生命的警钟。

　　一九八四年一月二十三日，在吴贻芳九十一岁前夕，中共江苏省委和省政协的主要领导前往鼓楼医院向她致以节日的祝贺，并送上专门为她定制的大型蛋糕和中共江苏省委给她的致敬信。信中写道：

　　　　喜迎甲子新春，又逢您九十一寿辰，我们向您祝
　　贺！并致以亲切的问候！
　　　　九十一年来，您经历了中国近代史上三个革命历
　　史阶段，历尽沧桑，饱经忧患，成了与我们共产党人
　　风雨同舟、肝胆相照的老朋友、老同志。

　　在灾难深重的旧中国，您怀着一颗振兴中华的赤子之心，投身祖国的教育事业，积极参加反帝、反封建的"五四"运动，两次坚辞出任国民党的教育部长，解放前夕依然留在大陆，迎接新中国的诞生。在这几十年的奋斗中，您以卓越的社会活动才能和在教育事业上的建树，成为中国近代史上一位杰出的女教育家和社会活动家。

　　解放三十多年来，您始终拥护中国共产党的领导，坚持社会主义道路，为促进教育事业的发展，为团结各界妇女参加社会主义革命和社会主义建设，为实现中国共产党与民主党派长期共存，互相监督，肝胆相照，荣辱与共的方针，为完成祖国的统一大业，呕心沥血，竭尽全力。中国共产党十一届三中全会以后，您虽然年事已高，仍以饱满的政治热情和高度的责任心，为四化建设献计献策，尽心尽力。您热爱中国共产党，热爱社会主义，热爱祖国，毕生忠诚教育事业，桃李满天下，赢得了人们的崇敬和爱戴。您刚强正直，质朴谦逊，廉洁奉公，言行一致，体现了中华民族的美德和爱国知识分子的风骨。对于您这样一位为人民的事业做出了积极贡献的老同志，我们共产党人和人民群众是不会忘记的。您的爱国主义精神和崇高品质，将激励我们为实现中国共产党第十二次代表大会提出的宏伟目标，为振兴中华，完成祖国统一大业而努力奋斗。

　　衷心祝愿您健康长寿！

与此同时，《新华日报》《光明日报》《人民日报》也先后发表长篇记叙文章，称颂她的高尚品质和爱国主义精神。

吴贻芳看到这些文章，内心感到很不平静。她对同志们说："党和政府给予我一个老教师这么高的评价，我实在是愧不敢当。"

中央领导同志和一些中央机关的同志获悉吴贻芳生病住院的消息后，也纷纷打来电话、电报表示慰问。邓颖超、康克清同志除亲自从北京打电话问候外，还专门嘱江苏省政协代表送来鲜花表示慰问，并指示有关部门派专人负责她的医疗事务，精心照料她的生活。中顾委委员平杰三、全国妇联党组第一书记张帼英等先后去医院看望。民进中央还特派中央常委、她的表妹陈慧专程来宁探望。一些国际友人，吴贻芳在海外的学生也不断来函来电表示慰问。

为了控制病情发展，南京鼓楼医院专门成立了由院长和科主任组成的强有力的领导小组，并将特级护理人员由三人增至四人，还专门进口了急救设备和药品。经过医护人员精心治疗，吴贻芳的病情终于得到控制，渐渐稳定下来。随着冬去春来，她的病情奇迹般地好转了。

一九八四年三月，南师院经批准改成南京师范大学，吴贻芳担任了名誉校长。由于身体原因，她未能参加成立大会，但写了祝词由她的学生在大会上宣读。

九月二十七日，在国庆三十五周年前夕，她抱病为庆祝国庆节的到来，撰写了《回忆与祝贺》一文，在《新华日报》发表。不久，金女大旅美校友应邀回国观光，前往医院拜见老校长吴贻芳。

十月一日，旅美校友和国内金女大校友一百七十多人在南京师范大学校园聚会，吴贻芳在医护人员的陪同下来到学校，和学生合影留念并在迎宾楼与学生叙旧。离开时，校友们唱起金女大校歌，为吴贻芳送行。

一九八五年五月十一日，考虑到自己的身体状况，吴贻芳致涵江苏人民政府，建议在南京师范大学增设金陵女子学院。这是她经过几年的蕴酿和认真思考写下的报告。

她在给省人民政府的信中说：

> 为了培养我省四化建设人才，体现高等妇女教育的特色，并通过原金陵女子大学在国外的影响和关系，打通南京师范大学与国外文化科学交流的渠道，我经过长时期以来的反复考虑，建议由南京师范大学增设一个金陵女子学院，性质是隶属南京师范大学的一个学院，公办民助。学制两年或三年。根据适合我省妇女服务社会的需要，设置专业如：中文，实用外语，营养学，儿童教育，生理心理学等。规模三年后最高达到二百到三百人，招生可在南京师范大学每年国家下达的指标计划中安排。以上意见我已征得南京师范大学校长归鸿同志的赞同。此建议当否请示复。
>
> 附上金陵女子学院筹备组建议名单，以便向国内外金陵女大校友会及其他方面通报信息，争取资助。

这是打通南师大与对外文化交流和造福子孙后代的一个报告，不仅有具体的架构思考，而且有高瞻远瞩的视点。

吴贻芳的这个建议，源于全国人大委员长叶剑英对新华社记者《关于台湾回归祖国实现和平统一的方针政策》的谈话精神，她不骛声华，衰年有梦，愿有生之年再做一篇大文章，践行她的价值观追求。

在一次校友联谊会上，她说："台湾有一个五十年代办起来的金女中，我们能不能再办一个金女大，以对应台湾的金女中，来促进两岸的交流？"

这是再造金陵梦的发端与滥觞。

之后由校友甘克超和黄续汉做代表，就如何发展女子高等教育，做深入的调查研究，最后形成一个完整的课题。

当江苏省委领导同志得知吴贻芳的想法后，立刻派专人到古楼医院的病房里看望她，表示一定要实现她的这个心愿，全力支持再建金陵女子学院的建议。

早年毕业的金女大校友、时任全国妇联常委的邓裕志同志，带上吴贻芳致江苏省政府的信，分别送给全国政协、全国妇联、国家教委等领导机关和部门，同时还送给邓颖超、康克清、李鹏等中央领导同志，以期得到支持和帮助。

五月二十三日，吴贻芳躺在医院的病床上，口授了给旅美校友会全体校友的一封信，说明了她已向政府递交再建金陵女子学院的建议，希望大家讨论，献计献策。在今秋邀请的十五位校友回国观光时，将大家的意见带来。

六月，美国金女大校友会来信，希望在金女大校友双周年会时，全体校友每人能得老校长一张签名近照。吴贻芳从仅有的几张照片中，选了一张三月二十二日摄于南京梅花山的近照来满足学友们的要求。吴贻芳根据学生名单，花了整整两个下午时间，将事先洗印好的一百多张照片，工工整整签上自己的名字和时间，交给她的老学生黄续汉带到美国。回国后黄续汉将美国校友对她的深切思念和再建金女院的意见，一一告诉了吴贻芳。她高兴地笑成一朵花，深情地说："我也想她们啊，我真想见到她们啊！"

然而，当校友们来到南京时，吴贻芳的病情已到危重时刻。他们痛苦地等了一天后，院方只允许极少数代表到病房看望老校长一眼，以满足校友们的慰问之意，也是向老校长的最后告别。

到了九月十日，也就是教师节过后，吴贻芳病情恶化，她一病不起了。

鼓楼医院和有关方面组织一切力量大力抢救，终因病情太重，各种生理功能显著衰竭，医生无力回天，只能靠药物和医疗器械来支持她微弱的生命。吴贻芳开始出现昏迷，生命之火呈现即将熄灭的征兆。

九月二十四日下午，吴贻芳从昏迷中清醒过来，只见她嚅动着嘴唇，显然是想说些什么，但她已无法讲话了。

金女大校友、鼓楼医院医师甘克超赶紧把耳朵贴近吴贻芳耳边，但听不出完整的意思。在模糊孱弱的声音里，似乎在重复说："学校、人选，人选、学校"几个字。这时甘克超忽然醒悟，一定是她惦念着创办金女院的事。于是便用一张纸写了两句话："金女院办学经费，主持金女院的人选。"她把纸拿给吴贻芳看，看完后她点了点头。

过了一会儿，吴贻芳又让甘克超打电话叫黄续汉、方非和曹婉到医院来，三人放下电话，随后各自都赶到医院。大家围在吴贻芳床前，曹婉慢慢地对她说："校长您放心，筹办金女院的事项，江苏省委领导已经批准了，先办两个专业，明年暑期就招生。主持金女院的人选您也放心，一定用最合适的人来负责这项工作。"吴贻芳听后点点头，脸上显示出放心的神态。

十一月的天气，把南京古城锁在一天一地的嫩寒里。大道上无数棵梧桐的枝桠，小心翼翼地捧住那轮坠落的夕阳。

这是一个长河落日圆的傍晚，这是一个肃穆与恬静的傍晚，光的箭簇射出漫天彤云，带着晚霞的血液，一滴滴注入暮色中的枝条，那些树木因滋润而显得明亮起来。

十一月一日，中共中央政治局委员、书记处书记习仲勋、全国人大副委员长彭冲和江苏省党政领导分别到医院探望吴贻芳，向她表示慰问。在医院这个白色的世界里，她静静地躺在床上，在人生的路上似乎已经失去了色彩，只有病榻旁的小桌上，那一丛雏菊放出金色的光芒。

十一月十日上午八时二十分，吴贻芳走完她漫长的一生，安祥地合上了她的眼睛。

吴贻芳的一生经历了三个时代，一门三代为满清封建王朝效力，父亲最终被江水埋葬，她那时只是花季少女，还没走出那个即将倾覆的王朝。后来，由于接连四位亲人去世，她发奋自强，立志"读书救国"。然而在她奋力办学之时，国家遭到外侮劫难，她毅然参加到抗日救国队伍之中，并做出让世人注目的不俗表现。又因为蒋介石的独裁，让她看清了这个政权的腐朽，不管以什么高官厚禄诱惑，她依然故我地坚持"教育救国"的初衷。南京解放后，天命之年的她走进一个新的时代。她接过一根崭新的绳缆，最终实现了"教育救国"的梦想。

党和人民给了她"著名教育家，社会活动家"的称誉，她却谦逊的说：我只是"一个老师"，"实在是愧不敢当"。她的心灵已跨越了太多的人生沟壑，面对这些事情，她心静如水地看待这一切。仰观与俯视，人生皆为虚诞，回归自然才是人生大道。

父母哥姐的死是她心中永远的痛，她知道，人的生命是自然法则决定的，谁也会走到那一天。在生命垂危之际，她留下遗言，死后将她的骨灰撒入长江，与她的父兄在那里相聚。做为女人，她一生没有遇到真命郎君，她并不为此而遗憾，因为她的学生在演出话剧《金陵自传》中已说，她早已嫁给了"金先生"，我们都是您的子女！这话果然不是虚言。许多年后，事实得到了验证。

十一月二十日，吴贻芳追悼会在南京举行。纪念会由省委书记韩培信主持，副书记孙颔致悼词，介绍了她的生平。参加追悼会的有省委、省政府、省人大、省政协以及教育、民进等方面的代表七百多人参加，台上台下一片哭泣之声。

第二天，按照吴贻芳生前遗愿，她的骨灰由表弟陈嘉撒入滔滔的扬子江中。

斯人虽逝，芬芳长留。

中共老一代领导人邓颖超、康克清分别题词："纪念女教育家吴贻芳同志"、"人民教育家吴贻芳风范永存"。民进老一代领导人雷洁琼、冰心分别题字："爱国丹心传后世，忠诚教育著先鞭"、"吴贻芳先生是中国一代的伟大女性"。她的学生纷纷撰文，怀念吴贻芳对她们的教导与关怀。

那一晚，傅厚岗十五号小楼的天幕上，涂抹着几缕棉絮似的白云，被风簇拥着向远方飘去，身后只留下一城苍茫的记忆，化成人生美丽和动听的歌谣。

这是大地之光，精神与生命的朗照。

二　再建金陵女子学院

　　吴贻芳走了，没来得及看到她寄予厚望的金陵女子学院建成。为实现吴贻芳的遗愿，经南京师范大学和金女大国内外校友们的共同努力，一九八七年三月十九日，南师大正式向江苏省教委并省人民政府写出了《关于筹建南京大学金陵女子学院的报告》：

　　　　根据省委、省政府领导同志的指示和金陵女大校友会的建议，为了秉承名誉校长吴贻芳的遗嘱，国内外统战工作和发展女子职业教育的需要，拟筹建"南京师范大学金陵女子学院"。该院由我校统一领导，为我校的一个组成部分，系我校按社会需要设立若干应用性较强，适合女子就业的走读职业专科班。学制两年。

　　　　专业设置将通过社会调查、论证逐步增设。办学规模和每年招生人数将随美国吴贻芳基金会和国内金女大校友会集资情况而定。

　　　　一九八七年拟试招"实用英语"专业专科班十名，全部走读，纳入国家招生计划，经费（包括必要的开办费）请省按专科标准核拨。

　　　　专此报告，如无不当，请予批准。

　　这个报告很快得到批准，三天后省人民政府办公厅即发出《关于同意筹建南京师范大学金陵女子学院》的复涵，全文是：

省教委并南京师范大学：

　　一九八七年三月十九日报告悉，省人民政府同意筹建南京师范大学金陵女子学院。该院是南京师范大学的一个组成部分，属南京师范大学领导。办学规模和每年招生人数，由省教委按照办学经费筹集情况和社会的实际需要，与南师大研究确定，逐步开设应用性较强、适合女子就业的若干专业。一九八七年试招"实用英语"专业专科班学生十名，参加全国普通高等学校统一招生考试，学制两年，全部走读。纳入国家招生计划，经费由省核拨。希加强领导，抓紧做好学院筹建和今年招生的准备工作。

　　　　　　　　　　　　　一九八七年三月二十一日

　　至此，吴贻芳遗愿终于实现。

　　然而，全部落实到位还需要一个过程。他们首先要做的即是成立金陵女子学院筹备小组，成员是：方国才、梅若兰（原金女大校友）、文秋芳、姜国定、鲍蕙荪（原金女大校友）等。

　　这个筹备小组经过调查研究，初步决定试办实用英语专业，教学方式先依托外语系，由外语系负责教学计划、师资、设备等事宜，其他问题由学校统筹解决。

　　招生计划公布之后，参加报名的人相当勇跃，由原定招收十名增加为二十名。家长也纷纷前来咨询，希望将孩子送到金陵女子学院就读。她们说：

　　"我们对吴贻芳校长十分崇敬，金女大国内外校友的良好的教养和对社会的奉献精神赢得了人们的信任和赞誉。把孩子送到这所学校我们放心。"

金陵女子学院这一年最后实际招收新生十六名，可以说告慰了老校长吴贻芳的在天之灵。

一曲阳关歌未彻，声声头上听催归。

美国校友会首倡设立吴贻芳纪念基金会，第一任理事长谢文秋虽已耄耋之身，却还是坚持多方奔走，动员校友捐助。许多校友热烈响应，解囊相助，其中汤硕彦等校友以房产相赠，资助办学。

国内校友都是靠工资生活，没有什么余钱剩米，且不少人已经退休，为了办好金陵女子学院，大家都尽了自己力所能及的力量。一九三四级毕业生游戬同志，毕业后一直在江西一所中学教书，因双目失明退休后独身寄居亲戚家里。当她得知成立吴贻芳纪念基金会的时候，把多年省吃俭用的几十元钱寄给南京校友会，尽自己一点绵薄之力，以表对老校长教导的感恩之心。

还有一些素昧平生的人也积极响应，寄信、致电，给予相应支持。一位女工程师写信说："吴老提出筹建女子学院，不仅是金陵女大校友的事，也是我们妇女界、知识界的喜事，我愿为之出力流汗，增砖添瓦，别无他求。"一位从事英语教学四十多年的离休教授则表示："如果需要，我愿不取分文报酬为学生上课，以此作为对金陵女子学院的赞助。"

众人拾柴火焰高。南京师范大学把国内外金女大校友的捐款汇总后，在校园里建起了一座教学楼。许多国内外校友在垂暮之年投身建设新的金陵女子学院，如梅若兰、王韵芳、鲍蕙荪、甘克超、李振坤、袁爱莲、喻娴才等，她们不图名、不图利，完全是为了报答老校长的教导，传承那生生不熄的精神火焰。

如今，金陵女子学院已经有了长足的发展，师生队伍已成为一个强大的方阵。原来只有十六名学员由南师大外语系代培，到今天发展为本科和硕士生一千五百多人，教职员八十多人的雄壮队伍。

科系建设由原来只有一个实用英语专科，今天已扩展到英语、会计学、财务管理学、劳动和社会保障、食品科学与工程、食品质量与安全等六个本科生和硕士研究生专业。

学院还加强了对海外的学术交流活动，与美国、加拿大、英国、日本以及港澳台地区二十多所知名学府建立了合作关系，为师生队伍建设提供了广阔的教学环境。如今，金陵女子学院已成为全国办学层次最高的女性学府，并向全国一流和有国际影响的女子学院迈进。

金陵精神薪火相传，光耀千秋。

附录一 吴贻芳年表

湖北武昌 （1893—1904）

一八九三年　出生

一月二十六日，出生在湖北省武昌市祖父吴宝俭寓舍。

高祖父吴士珪为安徽休宁望族，清嘉庆初因白莲教起义，随祖父始迁江苏靖江，后又迁泰兴。

曾祖父吴存义（1802—1868），字和甫，号荔裳，六岁时随父迁江苏泰兴。道光十八年进士，选庶吉士、授编修。先后任云南乡试主考、侍讲，值南书房为咸丰帝师、顺天府丞、礼、刑、工、户部侍郎、云南、浙江学政等职，任满以病乞归，同治七年（1868）中风卒。著有《云轺录》《榴实山庄遗稿》十卷等。

祖父吴保俭（1847—1886），字礼园，吴存义第三子。"幼挺殊姿，博综世典文诗赋颂，尤所精畅，少侍廨考有声。历官郎中、直隶荆门州牧、诏补同知，以知府用"。"光绪十二年（1886）七月壬子卒于武昌寓舍，春秋四十"，归葬泰兴东门外姚家庄之原。

父吴守训（约1867—1909），字孝膺。江苏泰兴县志载：吴守训是吴宝俭独子。"援例授湖北知县，摄知当阳县事。以廉能称，数主（湖北牙厘局）榷务，性介洁，以举债莫偿自沉于江。"

一九〇〇年 七岁

与哥哥吴贻榘入家塾读书。

杭州、上海、苏州（1904—1909）

一九〇四年 十一岁

是年，与姐姐吴贻芬入"杭州女学校"读书。

一九〇六年 十三岁

十二月，姐妹二人考入上海启明女子学校。

一九〇七年 十四岁

一月，姐妹二人又考入苏州景海女子学校。

一九〇九年 十六岁

秋，因父吴守训"举债莫偿自沉于江"，遂休学回武昌。

一九一〇年 十七岁

冬，随母移居杭州外婆家，生活靠亲友接济。

一九一一年 十八岁

全家随二姨父陈叔通一家移居上海。

冬，清华学堂辛亥革命停课，兄吴贻榘回上海，因出国留学无望，投吴淞江身亡。母朱诗阁因病又加夫、子双亡，遂含恨而死。姐姐吴贻芬因责备弟弟讨债而内疚，在母亲大殓之夜，自缢身亡。

吴贻芳居家。

一九一二年　十九岁

陈叔通因工作回浙省，吴贻芳与祖母和妹妹又一起搬回杭州。

一九一三年　二十岁

二月，在陈叔通资助下，入杭州弘道女子学堂读四年级。

北京（1914—1915）

一九一四年　二十一岁

二月，陈叔通到北京国会和《北京日报》任职，吴贻芳与祖母、妹妹随二姨父一家迁往北京。经陈叔通介绍，吴贻芳到北京女子师范学校附属小学任英语教师。

一九一五年　二十二岁

十二月，因袁世凯解散国会、复辟帝制，与陈叔通全家又一起搬回上海。

南京（1916—1919）

一九一六年　二十三岁

二月，吴贻芳经杭州弘道女子学堂外籍教师诺玛丽（此时已延聘金女大）推荐，作为特别生插班入金陵女子大学一年级就读。

七月，经同班好友徐亦蓁的介绍，在上海四川北路曼摩氏女中浸礼会怀恩堂接受洗礼，成为一名基督徒。

是年，金女大成立学生自治会，被选为会长。

一九一九年　二十六岁

六月二日，为声援北京"五·四"运动，带领全校五十多名学生上街游行。

六月二十五日，从金女大毕业，获得学士学位，成为该校首届毕业生。

北京（1919—1922）

七月，受北京女子高等师范学校方还校长之聘，担任该校英语教员。

一九二〇年　二十七岁

是年，兼任英语部主任。

一九二一年　二十八岁

是年，为来校参观的美国蒙特霍利克女子大学校长做翻译，吴贻芳的英文水平得到其好评，愿推荐她到美国留学深造。

美国（1922—1928）

一九二二年　二十九岁

五月，经蒙校校长推荐，获美国密歇根大学巴勃儿奖学金；秋，赴美到该校研究生院攻读生物学专业。

是年，祖母王氏去世，终年七十六岁。

一九二四年　三十一岁

是年，被推荐为北美中国基督教学生会会长。妹妹吴贻荃、表妹陈慧金女大毕业后，也来该校留学就读。

一九二五年　三十二岁

是年，中国留美学生会换届改选，吴贻芳被选为副会长，并担任密歇根大学中国学生会会长和科学会会长。

是年，在该校科学杂志上发表论文《黑蝇生活史》。

一九二八年　三十五岁

春，金陵女子大学改组，收到金女大董事会聘书，毕业后回母校任校长。

五月，获得密歇根大学博士学位，八月回到南京金陵女子大学。

十一月三日，出席校长就职典礼并发表演讲。

南京（1929—1985）

一九二九年　三十六岁

一月十四日，吴贻芳向全校报告筹备注册立案事宜。

一九三〇年　三十七岁

十二月，经国民政府教育部核审，学校通过注册立案，更名金陵女子文理学院，吴贻芳任院长。

一九三一年　三十八岁

是年，将宗教必修课改为选修课，每天的早祈祷和周日宗教仪式自由参加。

是年，将附中扩充为完全中学。

一九三三年　四十岁

夏，赴美国芝加哥、加拿大班夫参加世界女子大会和太平洋国际学会大会。会后到加拿大、美国等多个城市讲演。

一九三四年　四十一岁

一月，从美国回到中国。发现妹妹吴贻荃几个月前已失踪，吴贻芳心急如焚，悔恨不已。后借访问雅加达、马尼拉等地多方寻找，却杳无音信。

六月，学校图书馆、礼堂建成。二十六日，在新礼堂举行一九三〇级学生毕业典礼，蒋介石、宋美龄受邀出席毕业典礼

一九三五年　四十二岁

春，被选为中国基督教全国协进会执委会主席。

一九三七年　四十四岁

七月七日，芦沟桥事变爆发，北平沦陷。七月中旬，吴贻芳应邀参加蒋介石在庐山举行的社会贤达和著名教授谈话会。

八月十五日起，日军开始空袭南京，吴贻芳参加"中国妇女战时救济联合会"并任执委，花了大量时间和精力参与南京市伤病员的救助工作。美籍教授魏特琳主动分担了吴贻芳的许多事务，一起为学校撤离做了大量准备工作。

十二月三日，吴贻芳安排好学校西迁事宜，离开岌岌可危的南京，去武昌会合已先期到达那里的部分师生。

一九三八年　四十五岁

一月，武昌已处在战争前沿，遂结束分校学务，带师生到成都华西坝集中办学。

三月二十八日，赴上海与董事会商定，结束上海分校学务，留下的学生分别安排在圣约翰和沪江两所大学继续学业，其余学生到成都校本部学习。

五月，到庐山参加宋美龄召开的妇女界抗战会议，任"新生活运动妇女指导委员会"执委。

六月，当选第一届国民参政会参政员。

十二月，国际基督教协会在印度孟德拉斯举行，吴贻芳以中国代表团团长身份率团参加，并当选协进会副主席。

一九三九年　四十六岁

二月，参加国民政府在重庆召开的全国教育大会，吴贻芳为仅有的三个妇女代表之一，另两名是宋美龄和俞庆棠。

是年，金女大根据教学需要，停设数学、物理二系，增设家政系，并在成都近郊设立乡村服务处，为当地妇女儿童服务。

是年，任四川省"新生活运动妇女指导委员会"常务委员。

一九四〇年　四十七岁

五月，魏特琳教授在南京金女大留守期间积劳成疾，被迫回美国治病。

七月，金女大停办哲学系。

是年，作为中华基督教青年会全国协会董事会主席，中国基督教教育委员会主席，率中国代表团参加国际基督教协进十年大会，并介绍中国人民抗战情况，呼吁国际社会支持和声援中国抗战。

一九四一年　四十八岁

三月，在第二届国民参政会第一次会议上当选为主席团主席。主席团人员分别是：蒋介石、张伯苓、左舜生、张君劢、吴贻芳。吴是唯一的女性。

五月十四日，魏特琳因精神抑郁症自杀，时年五十五岁。十八日，吴贻芳得此消息，在成都华西坝亲自为魏特琳主持追悼会并讲话，缅怀她为金女大和中国人民抗战所作出的贡献。

是年，金女大设立儿童福利实验所。

一九四二年　四十九岁

七月，担任第三届国民参政会参政员。

十月，在第三届国民参政会第一次会议上，再次当选为主席团主席，主席团成员依次是蒋介石、张伯苓、吴贻芳、莫德惠、李璜。

十一月，金女大举行建校二十七周年纪念活动。吴贻芳与校董会决定，此次活动中心是宣传金陵精神，激励师生爱国爱校，自强不息。

一九四三年　五十岁

三月，参加"六人教授团"（吴贻芳、晏阳初、桂质廷、陈源、李卓敏、吴景超），以国民资格到美国各地宣传中国抗战。

五月，被美国史密斯女子大学授予荣誉法学博士学位。

一九四五年　五十二岁

三月，当选我国代表出席联合国制宪大会。宋子文为首席代表，顾维钧、王宠惠、魏道明（以上为国民党代表），董必武（中国共产党）、李璜（中国青年党）、张君劢（国家社会党），胡适、吴贻芳、胡霖（三人为无党派）九人为代表，施肇基为高等顾问。

四月十五日，九人经印度赴美，到旧金山参加联合国制宪大会。

六月二十六日，中国代表团成员在《联合国宪章》上签字，吴贻芳是签字的第一位女代表。

七月，在第四届国民参政会一次会议上，再次当选主席团主席，主席团成员依次是张伯苓、王世杰、吴贻芳、莫德惠、李璜、江庸、王云五。吴贻芳因事在美未参此次会议，不久因病住院手术。

十二月，病愈出院回国。

一九四六年　五十三岁

一月，在南京与蔡路德教授等商议维修校舍计划。

二月，途经重庆转机时，宋美龄提议她出任国民政府教育部长，吴贻芳婉言谢绝。

五月，结束成都办学事宜，安排师生分批离川，她赶回南京安排秋季开学。

六月三十日，南京发生"下关事件"，吴贻芳明确表态，这是侵犯人身自由，必须严惩凶手。

十一月十五日，国民党政府在南京召开国民大会。由于国民党违反"双十协定"，在召开大会的第一天，吴贻芳宣布不参加此次大会主席团。

是年，辞去基督教协会执委会主席及其他兼职。

一九四七年　五十四岁

年初，当选中国基督教教育会会长，世界妇女界中国协会会长。

五月二十日，"五·二〇"惨案发生当天，在国民参政会四届三次会的午餐会上，就警察殴打爱国学生事件当众质问蒋介石，蒋被气得手指发抖。

八月中旬，中国教育科学文化委员会成立，吴贻芳当选为执委。

十一月，出任中华全国大学妇女会会长。

十二月，任中华基督教教学理事会理事长。

一九四八年　五十五岁

五月，前往国民政府教育部，声明军警宪特不得到金女大随便抓人。校训导执委决定，不干涉个人参加组织，但不得借学校或学生会名义参加校外活动。

十一月，召开校董会，不同意学校迁往台湾。

十二月，经程瑞芳介绍，晋桂芳到吴贻芳身边做家务。

一九四九年　五十六岁

三月，何应钦组阁，与张治中到金女大访吴贻芳，动员出任教育部长，她以离不开金女大为由，再次拒绝出任教育部长。

四月二日，到鼓楼医院慰问示威游行受伤的学生。

四月二十二日，退回宋美龄赠送的赴台机票，留在南京迎接解放。

四月下旬，国民党军队撤离，与西北军退休将领马青苑组织南京临时治安委员会，马任主任，吴任副主任，并以该会名义致电中共中央和毛泽东主席，欢迎解放军进驻南京城。

五月十六日，参加军管会、中共南京市委、市政府召开的各届知名人士和社会贤达参加的座谈会。

九月，作为特邀代表赴北平参加中国人民政治协商会议。

十月一日，在天安门观礼台，参加中华人民共和国开国大典。

十一月二十九日，金女大召开新中国成立后的第一次教务会议。

十二月，任"中国人民保卫世界和平委员会"委员；不久，任南京市政协委员、后任常委。

一九五〇年　五十七岁

五月二十八日，出席第一次全国高等教育会议。

七月，吴贻芳等五十名基督教领袖人物倡议，发布宣言《中国基督教徒在新中国建设中的努力方向》。

十月，任南京市人民政府文化教育委员会委员。

十一月，任中国人民保卫世界和平委员会南京分会副主席。

是年，朝鲜战争爆发，部分外籍教师辞职回国，美国政府宣布冻结中国在美国的全部财产，原对口赞助金女大的经费（约三分之一）中止，学校经费发生困难。金女大开展抗美援朝爱国教育，学生揭露美籍某教授攻击"抗美援朝"言论，举行"批侮辱、反诽谤"控诉大会。

一九五一年　五十八岁

一月六日，金女大接受人民政府经费，与金陵大学合并为公立金陵大学。

九月十五日，任金陵大学校务委员会副主任。

一九五二年　五十九岁

是年，全国高等学校院系调整，在金女大旧址，组建南京师范学院。任第二副院长。

一九五三年　六十岁

一月一日，江苏省人民政府成立。二日，任江苏省教育厅厅长，政务院总理周恩来签发任命状。

是年，任中国人民保卫世界和平委员会江苏分会常委，后任副主席。

一九五四年　六十一岁

八月，当选江苏省人大代表及全国人大代表并出席新中国成立以来的第一届全国人民代表大会。

是年，中国基督教"三自"爱国运动委会员成立，任委员会副主席。

一九五五年　六十二岁

一月，当选江苏省民主妇女联合会副主席。

三月，加入中国民主促进会。

六月，随中国代表团赴芬兰赫尔辛基出席世界和平大会。

一九五六年　六十三岁

二月，任江苏省扫除文盲协会副会长。

五月，任中国人民对外文化协会江苏省及南京市分会会长。任中国人民保卫世界和平委员会江苏分会副主席。

八月二十四日，在省人大一届四次会议上，增选为江苏省副省长。

是年，当选为民进中央常委。

一九五七年　六十四岁

三月，任中国民主促进会南京市委员会主任委员。

四月，当选江苏省民进筹委会主任委员，中国民主促进会常委。

九月，参加中国民主促进会整风工作会议。参加中华全国妇女联合会第三次代表大会并当选为执委。

一九五八年　六十五岁

四月，随章蕴同志（全国妇联第三书记）赴维也纳出席国际民主妇女联盟第四次代表大会。会后又随团访问了奥地利、波兰、匈牙利等国。

十月，在江苏省人大二届一次会议上，当选为副省长，第二届全国人大代表。

十二月，参加中国民主促进会第三次代表会议。在民进中央五届一次全会上，当选常务委员。

一九五九年　六十六岁

四月十八日，参加全国人大二届一次会议。

八月，任江苏省暨南京市庆祝建国十周年筹委会副主任。

十一月，任江苏省政协第二届委员会委员。

一九六〇年　六十七岁

二月，任江苏省纪念"三八"妇女节五十周年筹委会副主任委员。

三月三十日，参加全国人大二次会议。

七月二十五日，参加民进中央五届二次全会扩大会议。

一九六一年 六十八岁

一月，在中国基督教第二次全会上，当选为副主席。连任中国基督"三自"爱国运动委员会副主席。

二月，先后担任中国人民保卫世界和平委员会江苏省分会副主席，中国对外文化协会江苏省和南京市分会会长。

一九六二年 六十九岁

一月，当选民进江苏省委员会主任委员。

五月，当选江苏省妇联第三届执委会常委。

十月六日，参加南京师范学院建院十周年大会。

十月，参加民进中央五届三次全会扩大会议。

一九六三年 七十岁

夏，随陈叔通及其家人去北戴河度夏。

十一月，应邀参加国家文字改革委员会座谈会。

一九六四年 七十一岁

九月，在江苏省人大三届一次会议上，当选为副省长，第三届全国人民代表大会代表。

十二月，参加全国人大三届一次会议，当选为主席成员，任大会执行主席之一。

一九六五年 七十二岁

十月，任孙中山百年诞辰筹委会委员。

是年，忽接表妹陈慧来信，告知二姨父陈叔通先生病危，吴贻芳立即赴京看望护理。

一九六六年　七十三岁

二月十七日，陈叔通先生病逝，终年九十一岁，吴贻芳参加治丧活动。

五月十六日，"文化大革命"爆发。在八月中旬先后两次被抄家，九月下旬，被造反派头头赶到楼下小屋去住，并勒令每月向他们交六十元水电费。

是年，参加省统战人员学习班学习。

一九六九年　七十六岁

十月，到江苏省句容县石山头茶场劳动改造。

一九七〇年　七十七岁

二月，接到通知，回到南京傅厚岗十五号家中（赋闲）。

一九七一年　七十八岁

是年，接到有关部门通知，以全国人大代表身份，参加一些社会活动和外事活动。

一九七二年　七十九岁

是年，先后会见瑞士议员小组、美国女作家等五批外宾和国际友人。

一九七三年　八十岁

一月二十六日，发表《八十生辰感言》。

五月，参加接待胡愈之、严济慈、叶圣陶等爱国人士参观团。

是年，接待美籍华人赵元任夫妇、赵浩生夫妇、缪云台等友人。

一九七五年 八十二岁

一月三十日，参加第四届全国人大一次会议。

一九七七年 八十四岁

一月，去梅园新村悼念周恩来总理。

八月，会见美国密歇根大学第二次访华代表团。

十二月，在江苏省政协四届一次会议上，当选省政协副主席。

一九七八年 八十五岁

三月八日，在全国政协五届一次会议上，当选为全国政协常委。

九月，在中国妇女第四次代表大会上，当选为全国妇联副主席。

一九七九年 八十六岁

二月，在江苏省妇女第五次代表大会上，当选省妇联副主席。

四月，获美国密歇根大学妇女校友会"和平与智慧女神奖"。

十月二十三日，在中国民进第四次代表大会上，当选民进中央副主席。

十二月，重新担任江苏省副省长。

一九八〇年　八十七岁

三月，在民进江苏省第二次代表大会上，再次当选为主任委员。

是年，先后发表《加强青少年政治思想教育会议》《教育体制的改革一定要注意青年的就业问题》等文章。

是年，担任中华全国基督教"三自"爱国运动委员会名誉主席。

一九八一年　八十八岁

九月三十日，就台湾回归、实现和平统一问题对新华社记者发表谈话，寄语台湾校友、旧交回乡参加纪念辛亥革命七十周年活动，并担任此次纪念活动筹委会副主任。

十二月，参加全国政协四次会议。《人民日报》刊登《老教育家吴贻芳呼吁，全社会都来关心独生子女教育问题》的报道。

十二月三十日，去广东从化温泉疗养。

一九八二年　八十九岁

七月，去苏州休息，在校友朱绮协助下，撰写《金女大四十年》一文。

十一月二十二日，参加全国政协五届五次会议；同在京金女大校友聚会。

一九八三年　九十岁

一月二十三日，江苏省党政领导去傅厚岗家中，祝贺她九十诞辰。民进中央亦致电祝贺。

四月，在江苏省政协五届一次会议上，当选省政协副主席。

五月，任全国政协第六届常委。

九月，再次当选全国妇联副主席。

十一月，再次当选民进中央副主席。

十二月二十六日，因病住南京鼓楼医院。

是年，为响应中央干部年轻化，主动辞去副省长职务。

一九八四年 九十一岁

一月二十三日，江苏省委致函吴贻芳，祝贺她的九十一岁诞辰，并对她一生给予高度评价，称其为"中国近代史上一位杰出的女教育家和社会活动家"。

一月二十六日，《人民日报》《光明日报》《新华日报》等发表文章，介绍她一生事迹。

一月二十八日，南京师范学院改为南京师范大学，吴贻芳任名誉校长。

二月，全国政协主席邓颖超、全国妇联主席康克清分别来电慰问。民进中央常委、她的表妹陈慧代表民进中央来宁看望。

七月，在江苏省民进第三次代表大会上，再次当选主任委员。吴贻芳因病未参加会议，但发表了录音讲话。

十月，辞去南京市民进主委职务。

十一月，江苏省少年儿童基金会成立，吴贻芳担任会长。

一九八五年 九十二岁

五月二十三日，致函江苏省政府领导，建议南京师范大学增设金陵女子学院。

六月，请校友黄续汉、方非、曹婉代表她赴美参加金女大双周年会，带去她的录音讲话和签名的赏梅照片，分赠到会校友。

八月二十八日，亲自参加南京中国首届教师节庆祝活动，并发表录音讲话。这是她一生参加的最后一次会议。

九月二十四日，病情进一步恶化，弥留之际仍惦念着筹办金陵女子学院事宜。

九月二十五日后，民进中央、江苏省委、省政府等机关和领导多次到医院看望。

十一月一日，中央书记处书记习仲勋、全国人大副委员长彭冲分别到医院看望。

十一月十日上午八时二十分，吴贻芳在医院辞世。十六日举行遗体告别仪式。二十日，追悼大会在南京隆重举行，各届代表七百多人参加了大会。

十一月二十一日，按照她的遗愿，由她的表弟陈嘉将骨灰撒入长江之中。

附录二　参考文献

［1］官文．湖北省的厘金制度［M］．咸丰五年

［2］日．汉口帝国领事馆报告［M］．光绪二十五年

［3］谭廷献．谭献日记［M］．清刻本

［4］谭廷献．诰授禄大夫吏部左侍郎吴公行状［M］．榴实山庄文稿．清刻本

［5］吴存义．榴实山庄文稿十卷［M］．清刻本

［6］朱铭盘．清故署荆门州知州知府用湖北候补同知吴君志．桂之华轩骈义［M］．清记刻本

［7］泰兴县南［M］．江苏：泰兴档案局，1978

［8］校史编写组．清华大学校史稿［M］．北京中华书局，1981

［9］湖北省志［M］．武汉：湖北人民出版社，1983

［10］当阳县志［M］．湖北：湖北人民出版社，1983

［11］荆门市志［M］．湖北：湖北人民出版社，1983

［12］孙岳　吴为公等．吴贻芳纪念集［M］．江苏：江苏教育出版社，1987

［13］朱学波．吴贻芳［M］．江苏：江苏文史资料编辑部，1993

［14］德本康夫人、蔡路德·金陵女子大学［M］．广东：珠海出版社，1999

[15] 魏特琳. 魏特琳日记 [M]. 江苏：江苏人民出版社，2000

[16] 张连红等. 魏特琳传 [M]. 江苏：南京出版社，2001

[17] 程斯辉 孙海英. 厚生务实巾帼楷模 [M]. 山东：山东教育出版社，2004

[18] 孙海英. 金陵女子大学 [M]. 河北：河北教育出版社，2004

[19] 金一虹等. 吴贻芳的教育思想与实践 [M]. 江苏：江苏人民出版社，2005

[20] 周和平. 永远的吴贻芳 [M]. 江苏：江苏人民出版社，2013

[21] 胡晓曼. 张之洞传 [M]. 北京：北京联合出版社中心，2013

[22] 钱焕琦. 吴贻芳 [M]. 北京：中国传媒大学出版社，2014

谨向上述著者致以诚挚谢意。